开一家赚钱的小店 系列丛书

开一家赚钱的鲜花店

亚　琴◎编著

中国财富出版社

图书在版编目（CIP）数据

开一家赚钱的鲜花店 / 亚琴编著 . —北京：中国财富出版社，2015.3（2017.10 重印）

（开一家赚钱的小店系列丛书）

ISBN 978-7-5047-5546-9

Ⅰ.①开… Ⅱ.①亚… Ⅲ.①花卉—商店—商业经营 Ⅳ.①F717.5

中国版本图书馆 CIP 数据核字（2015）第 020892 号

策划编辑 谢晓绚　　**责任编辑** 单元花
责任印制 方朋远　　**责任校对** 梁 凡

出版发行 中国财富出版社
社　　址 北京市丰台区南四环西路 188 号 5 区 20 楼　**邮政编码** 100070
电　　话 010-52227588 转 2048/2028（发行部）　010-52227588 转 307（总编室）
010-68589540（读者服务部）　010-52227588 转 305（质检部）
网　　址 http://www.cfpress.com.cn
经　　销 新华书店
印　　刷 北京京都六环印刷厂
书　　号 ISBN 978-7-5047-5546-9/F·2309
开　　本 710mm×1000mm 1/16　**版　　次** 2015 年 3 月第 1 版
印　　张 13.5　**印　　次** 2017 年 10 月第 4 次印刷
字　　数 194 千字　**定　　价** 29.80 元

前　言

提起鲜花，仿佛一股芬芳的气息就扑面而来。一部电视剧《幸福像花儿一样》捧红了孙俪和邓超，这剧名也让人再次确定了花儿的美好意味。世人都喜欢将美好的事物与花联系在一起，形容女子漂亮说她如花似玉，形容心情愉快说美开了花，就连凋谢的花儿都给人一种怜惜的美。鲜花，注定了跟美好在一起。

美好的事物总是招人喜爱，于是以售卖鲜花为生的行业也应运而生。我国的花店业随着花卉文化的普及，花卉日渐走进寻常百姓家而兴起。花店业在几十年的时间里已经渐渐发展得越来越成熟，从单纯的售卖鲜花开始延伸到制作花艺作品等其他范围。一些“新生代”的店主们还将花店变成了花艺设计室、花艺礼仪公司等，生意越做越大。可以说，开花店绝对是有利可图的，只要找对方法。

对于很多人来说，开一家花店和开一家咖啡馆一样，都带有浪漫色彩和文艺范儿。试想，自己的工作环境被鲜花所环绕，看到的都是娇艳的花朵，闻到的都是扑鼻的香味，也不用处理复杂的人际关系，实在是一个不错的职业。但事实却是，一旦真正地开一家花店，一切就不如脑海中所想象的那么简单。

开花店算是小本经营，最初只需要准备好店面租金、装修资金和进货资金。如果是从一间小花店做起，甚至不需要从外面招聘员工，主要人力是自己，再请一些亲戚朋友帮忙，就能应付初期的经营。这也是吸引不少人开一间花店的主要原因之一。但很多新开的花店不足一年就以关门而告终，可见要经营好一家花店真的不简单。花店也是一个充满了风险的行业，掉以轻心，没做好相应准备，没有好的经营方法，最后就只能以失败告终。

成功总是不那么容易，但是只要有一颗坚定的心，辅以科学的方法，在经营过程中及时进行调整，那么开一家赚钱的鲜花店也不是遥不可及的事。本书就是为了给众多有意开花店却不得其法的店主们而作，希望可以帮助大家对开花店有一个清楚的认识，以及懂得如何让自己的花店赚钱，真正实现用鲜花来养活自己，同时给他人带去祝福的愿望。

本书对开店前的调查，以及要做的诸种准备，包括经营准备、专业准备、手艺准备等各方面，还有经营中可能会遇到的问题及如何解决一一进行阐述，力图尽可能广地涵盖开花店的各个方面，让准花店店主们既有宏观的认识，又能有细节的把握。这不是一本只谈理论的书，而是一本结合了实际操作案例的指南。开花店不是纸上谈兵，必须在实践中获取经验和教训。本书结合了丰富翔实的案例，让准花店店主们在轻松的氛围中收获专业的开店知识。

希望所有爱花、惜花，致力于开一家赚钱的鲜花店的朋友们，都能从本书中受益，实现自己开花店的美好梦想！

最后，在此对参与本书编写的吴强、张兆杰、王振伟、闫博、赵静、李绍玲、邓顺来、王诗文、王新源、王滟、杜延起、张萍、刘芳、何大为、张志勇等人表示感谢！

作　者

2014 年 10 月 8 日于北京

目 录

上篇 开花店，你想清楚了吗

中篇 想清楚了就开始准备吧

下篇　准备好了就开始经营吧

上篇　开花店，你想清楚了吗

无论是出于什么原因，要开一家花店，都需要经过周密的考量。也许决定开花店是一时冲动，但真正要落到实处时，就要对各方环境进行理性的分析，否则就只能为自己的一时冲动埋单。毫无疑问的是，开花店这门生意绝对是有利可图的，但是每年有多少人成功，就有更多人失败。失败的原因和成功的原因都分很多种，但在起步之初，对宏观环境、微观环境的分析从一开始就分出了高下。

当你下定决心要开一家花店时，请收回那些浪漫的想象。摆在准花店店主们面前的，是一道又一道烦琐的程序，是一个又一个亟待解决的问题。没有对宏观环境的把控，没有对自身的准确认识，就很容易让自己的花店开不了多久就面临倒闭的命运。本篇将通过对国际、国内花卉市场的宏观解析，以及对花店消费受众的分析，为准花店店主们分析投资花店及经营花店的风险。在微观考量方面，将从开店所需资金、店主的个人素质、能力，以及需要做的专业准备等，让准店主们可以从自身实际出发，多问自己几句，真的想清楚了吗？没想清楚，请不要贸然行动，将可能的损失降到最低；想清楚了，那么，请义无反顾地走下去，坚持将带你走向最终的成功！

第一章 花卉市场宏观分析

电话、网络让地球各个角落联系得越来越紧密，我们所做的任何一件事情都无法不从宏观环境的角度进行考量。开花店也一样。单从购买花材这一部分来说，就涉及对整个花卉市场的了解，包括价格、渠道等。如果开花店不了解当前花卉市场的总体形势，就有如在黑暗中行路，没有明灯的指引。而一个对宏观市场一无所知或知之甚少的店主，注定不能对花卉有清楚的认识，进而衍生出自身独特的想法，只能不停地模仿他人，难以在激烈的竞争中突围而出，获得成功。

本章将为准花店店主们介绍当前国际、国内花卉市场的大体形势，普及最基本的花卉行业知识。同时，帮助准花店店主们认清并了解自己可能会面对什么样的消费者，进而衡量、分析投资与机会。通过本章，各位准花店店主们会迈出开花店的第一步。当然，如果望而却步，或是发现自己其实对花卉并不热爱，即时停住也是明智的选择。

国际花卉市场现状分析

20 世纪 50 年代初，世界花卉的贸易额不足 30 亿美元，1985 年发展到 150 亿美元，1990 年为 305 亿美元，1991 年上升到 1000 亿美元，此后以每年 10% 的速度快速递增。随着世界花卉业的迅速发展，世界各国花卉业的生产规模、产值以及贸易额都有了较大幅度的增长，花卉产品已成为世界贸易的大宗商品。世界贸易中心、联合国贸易和发展会议、世界贸易组织的数据表明，到21世纪，世界花卉的贸易额达到2000亿美元。

环顾世界市场，目前发达国家仍主导着世界花卉业的发展，但一些第三世界的国家逐渐追了上来，在世界花卉领域的地位明显提高。其中，中国就是这些第三世界国家中的领头者。从世界范围来看，当前花卉的主要生产国为荷兰、意大利、丹麦、比利时、加拿大、德国、美国、日本、哥伦比亚、以色列、意大利、肯尼亚和印度；花卉的消费市场则形成了欧共体（以荷兰、德国为核心）、北美（以美国、加拿大为核心）、东南亚（以日本、中国香港为核心）三大花卉消费中心；四大传统花卉批发市场为荷兰的阿姆斯特丹、美国的迈阿密、哥伦比亚的波哥大、以色列的特拉维夫。另外，亚洲也凭借热带花卉、本土性花卉和反季节的中档鲜切花逐渐成为一个新的国际性的花卉集散中心。

从花卉种植面积来看，排名世界前五位的依次是中国、印度、日本、美国和荷兰。由于发达国家土地和劳动力成本的增加，环境保护压力的增加，能源、农业和肥料、农药与环保等限制，使得花卉生产成本高，花卉生产逐渐向低成本的发展中国家转移，低成本就成为发展中国家挤占国际市场的强有力武器。气候优越、劳动力廉价的非洲、南美洲及亚洲国家，如厄瓜多尔、肯尼亚、摩洛哥及中国等被国际社会认为是最具发展潜力的国家。其中荷兰的花卉生产逐步转移到邻近的西班牙、意大利等南欧国家；日本市场消费的大量中高档花卉的生产转移到澳大利亚、新西兰以及中国的大陆和台湾等地；同时地处热带高原赤道上的发展中国家，如哥伦比亚、肯尼亚、以色列、厄瓜多尔等地由于气候条件适合周年鲜切花发展，再加上廉价的劳动力和土地，产品在国际市场也极具竞争力。

从以上论述中可以看出，世界范围内，花卉产业已经出现了向发展中国家转移的趋势，这对国内准备开花店的店主们来说是一个好消息。同时，花卉生产已经专业化、工厂化。花卉的专业化生产具有产品单一、技术专一且易普及和提高的优点。通过专业化生产的产品质量更能满足世界花卉市场的需要。工厂化生产则是科技进步在花卉生产上的体现，利用温室工厂里安装的各种仪器，以电脑控制温度、湿度、光照、通风以及水肥等生产条件，并且进行流水性作业和标准化管理。这种电脑化的管理是花卉产业化、集约化水平进一步提高的标志。温室的生长条件完全按照输入电脑的程序实施，因而能精确地控制温室环境，达到提高花卉产量和质量的目的，具有极高的效益。专业化、工厂化的花卉生产从根本上保证了花卉货源的稳定。

在花卉产品方面，呈现出向新品种、高档次、优品质发展的趋势。虽然这些花卉在世界花卉贸易市场中价格高昂，但仍是最受欢迎的。在荷兰，进入拍卖市场的花卉产品，必须是高品质的产品，加上其品种广泛，周年供应充足，才使荷兰的花卉生产和出口始终保持在世界的领先地位；法国梅朗月季中心每年做10万朵花的人工授粉，培育出口的月季新品种占世界的1/3；澳大利亚与日本合作利用生物工程转基因技术培育出蓝色月季，成了世界花卉贸易中的珍品和抢手货。

花卉销售和流通体系也在逐步完善。当今世界最大的花卉生产国与出口国荷兰，年生产鲜切花数百亿枝，80%以上产品供出口，主要出口欧洲、美洲，另外每年还有约1亿多个球茎销往世界125个国家，生产总值和出口额均居世界第一位。荷兰的花卉拍卖市场是由数千位花卉生产者以入股形式组成的，雇用专业人员进行经营管理，不仅规模是世界上最大的，而且制度也是世界上最严格和最先进的。市场会员生产的花卉产品必须全部通过市场拍卖，不得私自直销出口或给零售商。在市场上，除批发国产花卉外，亦可受理进口花卉，但必须是国内无法生产或因冬季产量不足的产品，并定有最低底价，同时政府依季节机动调整关税以保护国内生产者的利益。在荷兰最大的花卉拍卖市场，拍卖系统均由计算机控制，场内还设有包装和分装车间，备有各种容器和运输工具，按买主要求包装后，由专机和2000辆冷藏车在24～48小时之内配送到世界各地的零售点。

健全的销售和流通体系，才是荷兰的花卉生产和出口始终立于不败之地的至关重要的原因。目前发展中国家的花卉销售和流通体系也正在逐步建立完善，如肯尼亚开通直达花卉出口国荷兰和德国的航线，并制定一系列优惠政策，如外币可直接通过中央银行进行买卖，减少空运花卉的价格等。有完整的销售和流通体系才会使花卉具有高品质、低成本特征，产品在国际市场才更具竞争力。

开店金锦囊

从国际形势来看，花卉行业可以说是一个朝阳行业。国际市场上花卉品种的丰富，以及稳定高产的数量，都将为国内的花店店主们提供强大的支持。而日益完善的销售和流通体系也让购买国际市场上的产品变得可行且越来越容易。

国内花卉市场现状分析

由于历史原因，中国的花卉起步相对较晚。20 世纪 80 年代初期，受改革开放的影响，中国的花卉产业开始起步。经过 30 多年的恢复和发展，现在已经取得了长足的进步。我国鲜花销售额增长迅速，不过仍然还处于起步阶段。据一项调查表明，每个城市只有 30% 的花店生意红火。

中国是人口大国，在花卉业的发展上却只是初级水平，不过，发展速度仍然还是和当前市场和经济的发展是同步的。自从 1984 年我国花卉业正式起步以来，年生产面积逐年扩大，年销售额也步步增高。据不完全统计，全国大大小小的鲜花店二十几万家，特别是那些散布于大街小巷的小花店，代表着中国花卉零售业的主体力量。可以说，花店业已成为我国一支脱颖而出的商业新军。随着社会思想意识的进步与精神面貌的转变，人们对花卉的需求大幅度地提高，因此，我国花店业的发展前景非常乐观。

对现状最好的分析来源于对历史的追溯和缕析，下面我们就来看看我国花店行业发展所经过的四个阶段。

1. 20世纪80年代中期—20世纪90年代初期

我国大陆地区真正意义上的花店，一般认为始于20世纪80年代中期。进入90年代初期，由于社会和经济的不断发展，给花卉消费提供了广阔的市场。一方面我国年产鲜切花首次达到15亿枝以上，另一方面出现了上海、广州、北京等年消费鲜切花超亿枝的城市。

2. 20世纪90年代中期

20世纪90年代中期，全国的花卉市场和鲜花零售店数量不断增加，上海的花店由80年代的100多家猛增到1000多家，天津的鲜花零售店也突破了800家。

3. 20世纪90年代中后期—21世纪初

进入20世纪90年代中后期，一些国有企业进一步调整产业结构，部分工人面临下岗再就业，经营花卉成为他们实现再就业的重要渠道和热门职业，花店数量迅速飙升，并形成了目前我国庞大的花店群体。

4. 2006年至今

中国加入WTO以后，经济水平得到一个飞速的发展。随着互联网的普及，电子商务的开展，花店业迎来了新的发展机遇，花店业的发展愿景再一次被目光深邃的投资者发现，网上花店逐渐浮出水面，这对传统的花店营销模式有巨大的冲击力，花店业的营销模式也有了一个较大的突破。

中国大陆的花卉市场和花店行业经历了四个重要阶段后，现在已进入蓬勃发展的时期，其多样性也日渐显现。最突出表现在新生代花店的涌现，花卉消费方式的改变。首先，网络花店的数量正在急剧增长，它以其方便、时尚的特点影响年轻人的购花习惯；其次，国内外鲜花速递组织在国内的影响也越来越大；再次，网络交流工具、支付宝、114 号码百事通等的发展正在改变着鲜花的消费模式；最后，以大型超市为代表的现代销售模式花店也开始出现，甚至地铁、加油站、银行、报刊亭、邮局等场所也将会有鲜花销售。

目前花店的类型可以归纳为以下 8 种。相较于刚起步及初步发展的时期，花店的类型以及相关业务已丰富了许多。这也为有意开花店的店主们提供了更多思路和选择。

（1）花卉综合店：传统形式的花店。销售几乎所有品种的花，如鲜花、盆花、园艺品、干花、仿真花；提供直销、配送、文化活动的策划以及通信服务等各种服务。

（2）特色花卉店：以专业化市场的特别需求为目的；提供特色品种或专业化服务，与附近的店铺销售不同的品种。

（3）贵宾花卉店：以经营富裕阶层的个人及团体宴会的花卉装饰为主；提供与花卉综合店同样的服务，不同点是契合顾客独特的需求；商品价格可略高，以保证提供最好的商品和设计吻合富裕阶层的需求。

（4）鲜花零售店：销售以枝或束为单位的各种鲜花，用现金销售的形式；不提供设计或配送服务；位于交通便利的大城市商厦内或路边。

（5）花艺工作室：带有专业性质，以绝对专业的顾客为主发展谋划业务；销售一般以电话预约；可以无店铺经营。

（6）花卉加盟（连锁）店：有加盟权，根据某公司的规则及规定经营；销售商品必须从总店购买；加盟店得由店长支付总店销售额中一部分；预备费用比较高，但可在短时间内提高花店的有名度。

（7）花卉及花卉用品商店：制作鲜花作品、园艺用品，销售以枝或束为单位的鲜花；直接销售，不配送。

（8）花卉批发店：具有接洽出产者和零售商之间的作用；购置世界各地的花卉，提供给地方的零售商；供应鲜切花及观叶类、礼物等相关用品。

多样性带来了商机，也带来了更激烈的竞争，由此引领的是一个微利时代的到来。最初花店的暴利吸引了一大批对鲜花本身并不热爱，也并不了解多少的人进入，最大目的是为了利润。但现在，花店除了是一门生意，更成为一种生活方式，一种理念。而消费者对鲜花的消费心理也越来越成熟。花店已从暴利时代走向微利时代。

目前大多数花店仍属于规模较小的花店，甚至很多是夫妻店。他们缺乏经营管理理念，以及相应的管理知识，以至于花店一直处于小打小闹的状态，无法发展起来。而少数因某些原因得以做大的花店，在扩张之路上又走得盲目。比如一些老牌花店完成原始积累，面临着开连锁加盟店、拓宽已有的业务和投资其他领域等扩张之路的选择，但往往缺乏前期科学的调查研究，导致投资不理性，利润增长缓慢，有的甚至亏本。这是新手店主们要特别注意的。

开店金锦囊

从国内环境来看，开花店有危有机。机会在于这一行的规范化和多样化，花店店主如果有决心，有想法，那么开一家赚钱的鲜花店仍有非常大的成功可能。危机在于规范化和多样化所带来的竞争，这对花店店主无论在专业上还是经营上都提出了更高的要求。

花卉的消费市场分析

既然要开花店，那么对于自己的消费群体必须要有了解。花店将要面对的消费群体是怎么样的一群人，他们有着什么样共性的特征，购买力及购买习性如何，这一群体是正在增加还是减少，这些都是花店店主要从宏观上对花店的消费群体进行把握的。

曾经有一份报告对花卉市场的消费行为从购买时间、购买目的、购买品种、购买途径等方面进行了分析。先从购买时间上来看，购买者在平时买花占了17%，这是因为送花对象多为自己，因此在购花时间的分布中平时买花的比较多，而生日、春节、教师节、情人节分别占有15%、13%、9%、6%。

从购买用途上来分析，购买者送花给自己占了很大比重，家居鲜花占了鲜花用途的最大比重。这在一定程度上说明随着人们物质生活水平的提高，对精神生活的质量要求也越来越高，人们买花给自己或为了满足自己对鲜花的爱好，或用来装饰家庭以及办公环境，以愉悦心情，提高生活质量。

从购买品种来看，百合、康乃馨、满天星是最主要的消费品种，可以发现这些品种是日常家居消费的主要品种。

而从购买途径来看，花店购买仍然是最主要的途径。花店能够提供的样式选择比较丰富，可直接满足消费者的用途。网上订花作为一种新兴的销售模式，还没成为销售的主要渠道，B2C（Business to Customer，商对客）模式还有待进一步开发。

在影响鲜花购买的因素中，新鲜度和造型是最主要的因素，其次才是价格。值得一提的是，他人的消费行为几乎不对鲜花购买者产生任何的影响。

当前我国鲜花市场的消费潜力巨大，已从大中型城市扩散至全国范围。越来越多的人提倡消费逐渐科学化，注重精神和文化消费，人们的消费层次在不断地提高。花卉作为美化环境、愉悦心情的产品也逐渐成为人们的日常消费品。

花卉消费具有广泛性、时效性、文化性等特点。我国有着灿烂文明的历史，花卉文化更是高度发达、源远流长。中华民族有着优良的赏花传统，善于从伦理道德角度来领略自然美，从对花草树木的欣赏中品味其美。托物言志、借花表意的词句不在少数，比如“芝兰君子性，松柏古人心”“野火烧不尽，春风吹又生”。再如荷花“出淤泥而不染”，脱尘绝俗，高雅质洁；梅花迎风傲雪，屹立寒霜，表现出刚毅不屈的高风亮节；牡丹花则雍容华贵，美艳多姿，一直被视为兴旺发达、美好吉祥的象征。

通常花卉的主要目标市场，在个人方面定位于中产阶级和高收入者。他们的花卉消费能力和欲望较大，其日常花卉消费多于其他收入较低者，并且这种消费群体的数量正随着中国目前经济的增长而增长，市场消费潜力也处于增长趋势。随着大众的消费能力及学历水平的提高，花卉消费不再仅仅限制于一般的节假日性，而逐步进入经常性和日常化。

除了个人是花卉的消费者，大宗的生意买卖仍要依靠于集团消费。而且从目前来看，花卉消费在很大程度上仍侧重于集团消费，个人消费相对要滞后一些，主要集中在节庆日和其他一些特殊日子，日常需求仍然偏低。团体性花卉消费在过去、现在乃至将来的一段时间内都处于主要地位并且呈增长趋势。

如果从时间上对目标市场进行划分，花卉市场可以分为目前市场、生长潜在市场以及大市场。目前市场的现状是花卉消费总的市场还不是很大，主要依靠团体性消费，个人消费很零散，所占市场份额不大，团体在目前市场中占较大的比重。生长潜在市场一直存在，这一部分市场中个人和家庭的花卉消费处于快速增长期，其所占份额也处于快速增长期，并逐步超越团体性花卉消费。其目标市场包括团体、个人和家庭，并且更加注重个人和家庭消费市场的开发。而在未来20～30年中，大市场格局将有望形成，到时候，全社会已经形成花卉消费经常化、大众化，全社会每个消费个体都将成为目标市场。这也许是花店店主们最愿意看到的状况。

开店金锦囊

从整体消费群体来看，团体消费目前占较大比重，但个人消费日渐增长。花店店主们不用担心花卖不出去，因为必定有人买，而且会有越来越多的人买。花店店主们要考虑的是，如何去抓住如此庞大的消费群体，让他们来自己的店里进行消费。这就是对花店店主的专业能力，特别是经营能力的考验了。

花店投资机会与风险分析

回归到最原始和最基本的问题，那就是如果要投资开一家花店，其机会和风险究竟如何。

当前我国花卉业快速发展，全国各地花市、花店如雨后春笋般地涌现出来。花卉消费近年来呈现出越来越旺的趋势，花卉除了本身所具的美丽姿容让人们赏心悦目，同时有美化家居、传情达意等功效外，还可以开发人们的想象力，使人们在相互交流时更含蓄、更有品位。这种消费理念的转变，促进了鲜花行业的发展，彰显无穷的商机。

创业投资，开花店是一个不错的选择。据统计，鲜花零售利润在暴利时代可达50%～80%，十分可观。一家鲜花店的女老板在接受记者采访时说，10年前，她开了自己的这家花店，最好时一月能卖万余元，差时也有几千块钱。即使现在进入微利时代，也可以通过业务拓展提升利润。这位女老板的店面只有20多平方米，现在已经从单纯经营鲜花发展到引入婚庆礼仪增值服务，生意越来越红火，利润也越赚越多。她的生意经是抓住重点节日，做好平时销售，靠特色和回头客赢得市场。但是由于鲜花很容易枯萎，所以损耗率相当大。花店老板介绍说，损耗的概率相当大，如果进回来1000枝花，最多只能卖出去200~300枝，卖不出去的只好扔掉。所以中档花店一般要1~2年才能收回成本。另外，开花店不可避免地会碰到鲜花的损耗问题，因此如何保养好鲜花，尽量降低花朵的损耗就显得非常重要。如果保养工作做得不好，损耗过大，就会入不敷出。而每年的淡季又是花店面临的一个重大考验，如果不能在淡季找到新的销售渠道，保持一定的顾客量，那么这几个月花店就很难挺过来。

然而，有机就有危。尽管鲜花店的投资不算很大，且经营难度也较小，但是还是要注意投资风险。这里有一个花店的失败经历值得花店店主们借鉴。

一位老板决心要开花店，于是花不到一万块钱简单装修了一下租下的店面，并购买了基础的设备，为了尽早开始赚钱，于是一装修好马上开张。但此时正好已错过春节、情人节，进入三月份的淡季，离清明节还有一段时间。结果这开张的一个多月，几乎没有任何赢利。老板听从朋友建议，在店里增加了绢花、饰品等商品，生意渐渐好了些。但是随着附近鲜花店增加了婚庆礼仪、插花等服务项目后，花店经营又陷入困境。最后，不得不把花店转让出去。

从这位花店老板的创业故事，我们可以看到许多人在开办花店的投资和认识上有许多误区，从而为自己的投资带来了不小的风险。

第一，认为花店投资无风险或是风险很小，可以很快赚钱，所以不管懂不懂花，有没有过相关的经验，盲目地投资开店。殊不知如果没有风险意识，不认真研究市场，不深入了解行情，盲目开花店就会造成难以挽回的经济损失。花卉作为一种商品，必须遵循市场经济的规律。经营品种、地理位置、广告宣传、服务质量等都十分重要，需要在开花店前做深入细致的考察论证。另外，花木盆景具有季节性强、养护技术要求高等特点。

所以，在开店前必须有一定的资金和花卉栽培管理技术做支撑，并随时密切注意花市行情，最大限度地降低风险，避免不必要的损失。

第二，认为花店的规模越大越好。一直都不乏有些花商盲目追求规模效应，经营规模越来越大，投资数万元甚至几十万元开花店，结果并不理想。规模太大，成本难以控制，造成营业额不少，利润不多，月底算账，入不敷出。开办花店不应单纯强调花店规模的扩大，而应重视花卉产品结构的调整，在提高花卉质量和优质服务上下工夫，不断探索适合自身经营特点的适度规模，努力提高经济效益。

第三，在经营品种方面，不少花店求大而全，多而广，本地产的、外省产的、进口的，鲜切花、盆花、观赏植物、奇石等什么都卖，这也让花店投资蒙上了厚重的风险。从表面上来看，品种多令顾客挑选的余地很大，但实际上却极有可能适得其反。因为品种多而杂，没有形成自身的特色优势，让消费者难以形成清晰的认知，就不会对花店产生较强的黏结度，认为任意一家花店都可以替代这家花店。实际上，经营品种要根据当地的气候条件、地域位置、花卉产量、市场需求等情况，选准适合本地区人们的经济收入状况和消费需求的产品，销售不同规格、不同质量标准的花卉，满足不同消费层的需求。

第四，在选址上，也有人有认知上的误区，认为只有在市中心的花店才最好，这的确有一定的道理，但是，若不考虑花店自身经营的品种、价格、档次、规模，盲目选择租金高昂的市中心店面，其结果自然也是得不偿失。如果经营的品种无特色，服务质量一般，即使开在闹市区，经济收入也不会高。在花店选址上，要认真分析当地花店分布情况，可在人口密集的住宅区或医院、学校等地段开店，既方便了市民，也会给花店带来良好的经济效益。

开店金锦囊

做生意本身就是机会与风险并存的事。抓住机会、规避风险的最好办法就是事前对宏观、微观环境进行整体衡量，吸取别人有益的经验，规避别人走过的误区。所以，事前做好投资机会和风险的分析十分重要。如果判定风险过大，则要适时收手。如果认为机会更大，那么就放胆去做。

第二章　花店经营微观考量

看过整片天空的辽阔，看过别人的风景，还是要回到自身实际情况上来。哪怕花店业的宏观环境再怎么乐观，但如果自身没有实力和条件去做这门生意，还是即时停住创业的脚步为好。

本章将从微观角度为准花店店主们进行分析，让店主们对照自身的条件，看看是否真的要入这一行。开花店最重要的现实基础是资金，没有资金一切都是空谈，那么开花店需要多少钱呢？本章将会给你一个答案。另外，店主个人的素质和能力，以及要做的专业基础准备，都会影响花店的起步。本章将让准花店店主们能从自身实际出发，做好开花店前的准备。

开花店需要多少钱

说到开花店需要多少钱，其实就是在说一个经营项目的投资。那么，开一个花店需要多少钱去投资呢？从理论上来说，一个花店如果作为一个企业，那么它的投资额可以非常巨大，如果你有足够的钱，把你的花店投资成为世界第一大企业也未尝不可。但我们通常所说的一个花店的投资是指在一定经营环境下的最低投资，也就是说经营一个花店的最低启动资本。如果你有现成的花卉货源，能够获得花卉生产者的产品融资，那么你只需要投入店铺费用的资金就可以了。比如 1 万元左右的店面装修，再加上 1 万元的房租，经营的产品花卉则以融资的代销方式销售，那么 2 万元的投资就可以开一家花店了。

但是，如果花卉的货源方面不能以产品融资方式取得，那么这一部分的费用也要算入开店的投资预算里。那么，这个投资的数目就要重新计算了。很多人以为开花店投资很小，见效很快，不至于赔钱。但其实，不同档次花店的投资金额差距相当大。如果要开一家规模较大、格调高雅且技术水平较高的花店，那么就需要在店面的基础上加上一间仓库。昂贵的铺位租金、庞大的装修费用、技术人员的培训费用和薪金以及较大的流动资金算在一起就绝对不止2万元。当然，如果只是在一个三线小城市的巷弄里开一个小花店，店面是自家产业，那么可能几千元也能搞定。

按照目前中等水平的花店，一般一次性投资需要3万元，明细如下：

闹市区铺位租金约1万元；

简单装修及布置约8000元；

用于经常性购买原材料的流动资金约5000元（小花店的特点就在于一次性投资以及日常的运行资金不大，一个日销售额400~500元的花店，每天仅需补充200~300元的花材）；

1~2名员工的工资、首批进货款、修剪包装工具（如水壶、花器、铁丝、海绵、剪刀、缎带、包装纸、蜡烛等）约7000元。

小莫大学毕业后在一家保险公司工作了五年，存下了一笔钱。一次下班的时候，她经过小区附近的一家花店，看到买花的人挺多的，于是走进去看了看。顿时满室的花香让她的疲惫感消失了一大半，于是一个想法在她心里萌生了：与其朝九晚五地给别人打工，赚得少又累，不如自己尝试开家花店。

小莫是个果断的人，打定了主意之后就开始打听消息。得知开花店投资小，风险也比较小，就赶紧开始找店面、找货源。从辞职到花店开张，她只用了短短不到三个月的时间。花店开张后，一切却不如小莫想得那么顺利。刚开始的一个礼拜，由于造了点声势，比如在店面所在的社区发小广告、店里推出会员卡等活动，倒是吸引了一些人过来，但买的人不是太多。到后来，人越来越少。小莫以为是店里的花品种不够多，于是咬咬牙，花了预算之外的一笔钱进新的货，但这也没能挽救低迷的生意。用七个字来形容小莫第一次开花店的经历，那就是“来得快去得也快”。半年时间，小莫的花店就关门大吉。

开花店是小莫想出来的，在没有实践之前，事实上她并不知道花店要怎样开，特别是对投资数额这一项没有把握住，以至于挪用预算之外的钱来进货，造成了更大的损失。千万不要单纯地以为把花摆在一个租来的房子里就是开花店了，关键是要确定花店每天固定成本需要多少，流动成本又需要多少，而能够做到的营业额又有多少。不要看到在一些节日的时候花店的生意很好，就觉得这个生意可以做，事实上，在一年中的很多日子里，一个花店一天连一个订单也没有都是很正常的。而且花不像一般东西一样可以存贮，需要讲求新鲜度。如果花摆在店里两天了还是没人要，就会成为垃圾被扔掉。这就仿佛眼睁睁地看着投资的钱打了水漂，心情自然免不了难过。

在估计花店的利润的时候，不要光看花的进价和售价的差异，这样估算成本会使人盲目乐观，错误计算投资的数额。真正合理的估计方法应该是把多种因素充分考虑到成本里面去，包括房租、装修费用、水电、工商税务费用、城管费用（如果有）、员工工资（如果有）、花的进价、花的运输成本、营销费用、鲜花包装成本，还有每天卖不出去的鲜花只能扔掉的那部分的成本。在经营的过程中，可能还会有其他费用产生。这些统统都要计算在花店投资成本里。

开花店不是光凭热情、凭想象就可以的，更多的是需要理性、智慧和辛劳。现在花店市场的竞争已经比较激烈了，销售要比采购难得多。看着卖不出去的鲜花白白扔掉，这种情况的发生也许可以承受一天，但是否能够连续承受一个月，或者多个月？这些未定的风险投资也要算在开店成本之列。

开店金锦囊

开花店需要多少钱这个问题，没有一个具体的数目作为答案。准花店店主们要根据自己想要开的花店规模、经营品种、产品来源、是否雇人、如何装修，以及当地的收入消费水平等因素进行综合考虑，同时还要将可预见的风险成本计算在内。

你真的适合开花店吗

世间所有事情，都讲求“适合”二字。没有最好，甚至没有更好，只有“适合”。在开花店之前，你确定你是一个适合的人选吗？个人的意愿要考虑，但个人的能力和素质更加要考虑。

作为一个鲜花店的店主，首先要爱花。爱花才能惜花，才能卖好花。一个不喜欢鲜花的人，如果单纯为了赚钱而去开一家花店，且不说花店能不能开得成、开得好，在开店的乐趣上就会少了许多。如果说以前上学的时候，学自己不喜欢的科目是为了高考抑或其他不得已的原因而逼着自己，那么选择开什么店的自主权则完全在自己手上，没有必要为难自己，也不要因为自己的为难而把情绪投射到工作中去。前来买花的人，很多是能够感觉到这种微妙的气场的。买花之人大多爱花，或是心怀一份珍贵的情谊，希望借由美丽的花传递出去，来到店里，自然希望遇到一位爱花、懂花的老板。所以从一定意义上来说，开花店的人还要有一份情怀，一种气质，而不是单纯追求商业上的利益。如果你不是这样一个爱花之人，那么开花店很可能不适合你。

店主还要掌握基本的经营常识。很多人说自己并不是经商的料，如果你也这么认为，那么开花店也不一定适合你。花店就算再小，也是一盘生意，需要店主有一定的生意头脑，有基本的经营常识，才能把一家花店打理得井井有条。

还有非常重要的一点是，店主一定要有稳定强大的心理素质。不管花店的大小，大家经营的目的都是赢得一定的利益。但不管大家的出发点有多好，在花店的实际经营过程中，都会遇到一系列的不如意。在服务的过程中，偶尔遇到不讲理的顾客提出蛮横的要求，甚至被人恶语中伤，经营者的心理会不会失去平衡？鲜花这种鲜活的特殊商品，经营的过程中总有一定的风险。当大量的商品滞留在手中，当经营正处在亏本时期，经营者是否能承受得了这种压力？是及时调整经营方式还是不堪暂时的失败半途而止？这就需要店主保持稳定的心理状态。开花店和其他商业行为一样，有收益也有风险，但任何一件事情都不能用短期的得失来衡量成功与否，暂时的得失只是用来调整自己经营方式的信号。能不断地调整和改善经营管理方式，才能不断地进步，才能把开花店这个理应长期经营下去的项目做好。其实坚持下去的方法很简单，只要保持一个细腻而又快乐的心态，如花的心情，变被动为主动，能跨过发展路程上的困难，道路就会越走越宽。

有的花店经营者心理素质较差，遇到一点挫折，就想打退堂鼓，花店刚开没多长时间，由于没打开市场，赔了点钱，就想关门另谋生计，半途而废。开花店，如同完成任何一项美好的事业一样，坚持不懈是十分重要的。晴晴就是一个经过坚持不懈努力而把花店做大的成功例子。

晴晴原本也有一份朝九晚五的工作，但2011年因为结婚而辞职在家当全职太太。但硕士学历的她不愿轻松地享受全职太太的生活，仍想干一番属于自己的事业，实现人生价值。晴晴很喜欢花，当时老公求婚时就是送了她一大束蓝色妖姬，而一举擒获了她的芳心。

经过调查，晴晴觉得她所在的城市鲜花消费前景十分广阔。于是，她在老公的资金支持下，开了一家花店。开花店必须掌握一定的插花技术，否则会影响花店的服务质量。为此，她一边经营花店，一边参加了插花培训班。刚开始她比上班还要忙，每天只睡四五个小时，人也一下子瘦了很多。老公心疼她，劝说她实在不行就算了。但她坚持不懈，终于顺利掌握了一手好的插花技艺，获得了中级花艺师证书。

花店工作没有休息日，节假日更是繁忙。晴晴既当老板又当小工，每天工作达十多个小时。到花卉市场进货，舍不得花钱雇车，不管刮风下雨都骑着电动车带货，来回路上要花两三个小时，尤其是有三件意外的事差一点使晴晴打了退堂鼓：第一件是有一次外出联系业务，背包被窃，丢的不单单是钱，还有客户的名片、账单和证件，给工作带来了不少困难，当时她气得真想关门了事；第二件是有一次骑电动车去谈生意，出了车祸，伤势很重，在家休养好些日子；第三件是为了有个好的地段，3 年里换了 3 次门面，每换一次都要重新投资，有一次为了换一个店面竟被人骗去了上万元。但这一切都没把晴晴吓倒，她的执着精神、顽强毅力和拼搏精神使她成了强者，她的花店也在当地做出了名气。

所以，在决定是不是要开一家花店以前，还要从自身进行考量，确定自己是不是真的有心，并且有能力去开好一家花店。

开店金锦囊

生意千种万种，挑一个自己感兴趣且有能力胜任的，将会是一件非常快乐的事。有兴趣就会有乐趣，即使在开店过程中遇到困难，也能轻易安然地度过。有能力就会有成就感，看到一家花店在自己的张罗下成长壮大，这份成就感可能是再多的钱都换不来的。

开店前要先入行

花店的店主即使是花艺科班出身，或是本身对鲜花很了解，也不见得真正懂花店这门生意要怎么做。在各行各业的经验中，都会有一些特定的规矩和门道。正所谓，行有行规，开店有其特有的理论和经验。若从来没有独自经营过商店，对经商也非常陌生，何谈经验？所以在开店前，店主要考虑让自己先入行，找机会虚心学习，研究和掌握开花店的知识，才能很好地与同行对话、交谈、合作。

当下定决心要开花店时，可以考虑拜师学艺。如果亲友中有这方面的行家或认识这方面的行家，那自然是最好不过了，你可以登门造访，请求对方当自己的导师或顾问，态度一定要谦虚、诚恳，让人觉得你的确有一片诚意。当然，也不要指望对方一次就会答应，有的人第一次接触态度不明朗，含糊其词，婉言拒绝；有的人即使内心同意，口头上也说让我考虑一下再答复；还有的人，一见面，没等你开口说几句话就生硬地拒绝了。这时候切忌恼怒，也不要灰心丧气，要再继续试几次，绝大多数人感受到你的诚意之后，都会应允。如果实在不答应，也没必要再死缠烂打，想办法找其他的人选会更实际。

如果自己寻访或是听他人的推荐找到一名经验丰富的老师傅，应该积极聘请他来帮助自己工作，请他帮助你出主意，传授你生意经。如果找到一位能引路的导师，一定要表现出自己的诚意，还有对他的敬意，让他能够欣赏你，两人可以结成友好的关系。一旦达到这层关系，就要不断观察、学习和求教，多听取建议性的意见。在这个过程中，最重要的任务是听取批评、欢迎批评，并且在不断的磨合中彼此不断增进信任。千万不要以为自己是百分之一百正确的，而跟对方冲突起来。

有时候，经验其实就在身边。比如招来的员工中，有一些有相关的工作经历，那么店主也可以向自己的店员学习，请教一些经验，这样还可以增进双方感情，培养员工的忠诚度，调动员工的积极性。

另一位很重要的师傅是同行。做生意是一门博大精深的学问，有永远都学不完的知识。做生意切忌我行我素，即使在同行之间，也要讲求合作。同行间既要展开竞争，也要建立合作关系，讲求商业道德。要让自己在同行中走得开、兜得转，经营有方，竞争有力，长盛不衰，就要向同行学习，向先行者学习，向竞争对手学习，向一切懂花卉技术的人、懂经营的人学习，使自己尽快地由一个门外汉成为一个行家里手。

很多人在从事某一行经营时，总是对同行充满疑虑，害怕对方会对自己的经营产生影响。这是人之常情，但也可以把同行拉拢过来，大家相互照应，这应该是最好的一种状态了。在花店的创业初期，与同行的合作很可能会起到非常重要的支撑作用。

帮同行宣传，将自己做不到的生意送给别人。深圳的一家花店就是这么做的，这家别出心裁的连锁机构，以小取胜，在其宣传品和名片上，战略合作伙伴一栏赫然印着当地其他几家花店的店名和地址电话。这家花店的总经理说，深圳那么大，他们的花店业务更倾向于做专，所以他们主动找到当地一些同行，邀请他们成为彼此的战略合作伙伴，互相利用彼此的客户资源和宣传系统，其实就是“我推广你、你宣传我”。由于客户群和花店分布区域不同，彼此间没有竞争关系，这种推广可以将彼此的资源最大化地利用起来。目前合作的花店有主做绿植的，有承接花艺工程的，也有一些零售型综合花店，他们之间形成了优势互补、互惠互利的合作模式。

当花店确定了选址之后，可以先调查一下周围同行的情况，看看周围有几个花店，他们的生意怎么样，有什么个性的特色……如果发现哪一家花店的生意特别红火，可以走进去取取经，看看对方在经营方面是不是使用了什么技巧。如果老板是比较亲和的人，不妨与老板攀谈一下，最好能交个朋友，避免自己开店时走过多的弯路。一般来说，成功的经营者都有一些长处和经验是值得学习和效仿的，但是也不能生硬地照搬，因为开花店的条件、环境、时间都有所不同，还是要根据自己的具体情况来。

而且，即使自己的一些想法已经比较先进了，也还要向同行学习，特别是要从他们的失败中吸取教训。同行已经遭遇过的困难和挫折可能你也会遇到，所以要研究一下他们失败的原因，并想办法避免自己重蹈覆辙。同行间的竞争不可避免，但一定要互相勉励，互相学习，这才是共赢的最好方法。

比如花店相邻，进而成行成市的现象，在许多城市都有。花店街往往会形成聚集效应，不断有新花店在这里发展，买花者来这里，参观者也会来这里。花店街本身是一个大品牌，其中的每个花店都在为这个大品牌尽着自己的一份力量。在顾客的眼中，每家花店有着自己的名号，但整个花店街作为一个大品牌更易深入人心，共同经营大品牌的观念十分重要。拿安徽合肥的桐城路花店街来说，街上的各个花店各有特色，各有卖点，竞争其实非常激烈，但是这里的商家却能够对竞争平和处之，既不拉客，更不互相踩低对方，让整条街有一个宽松、温和的购销环境，反而吸引了更多的人慕名而来。相反，如果与相邻的花店交恶，那么在经营竞争中的不愉快心情或多或少地都要形成一些内耗。这些都是开花店之前要考虑到的。

开店金锦囊

开店前先入行的重要性在于两方面：一方面是武装自身，让自己对花店这个行业所需要的知识和实践经验有所了解，做到有备无患；另一方面就是要借机与同行建立良好关系，这对于花店初期的起步非常有利。

中篇 想清楚了就开始准备吧

经过上篇的知识普及和分析，如果确定要开一家花店，那么就请不要再犹豫，赶快开始准备吧！因为筹备一家花店的开张，有很多琐碎的事情，需要大量的时间和精力。越早开始准备，越能让自己从容自得。

除了开店的手续是必须要完成的经营准备之外，开一家赚钱的鲜花店还需要店主在实际操作、专业和手艺上做好准备。特别对于那些想自力更生开一个小花店的店主来说，一切都要靠自己。如果准备不周全，就很有可能让花店很快陷入困境。而专业和手艺的准备需要花更长的时间，投入更多的精力。因此，一旦想清楚了，就请从经营、实操、专业和手艺几方面开始进行准备吧。

第三章 经营准备

开店必然涉及一系列的手续，包括给花店取得合法经营的资格、选址、租铺、定位、取名、装修、进货等。我们将其统称为经营方面的准备。因为这些手续中有任何一个环节出现差池，就有可能影响到花店的开张和经营。对于初期起步的花店来说，任何一方面的缺失都会对花店产生较大的影响，所以经营方面的准备不容忽视。

本章先从经营的概念性准备进行介绍，包括花店开业前需要办理的法律文件，想要开什么类型的花店，主要将花卖给谁，以及确定自己从哪里拿到货等。想清楚了这些问题，再开始实际操作，否则，如果花店都开张了，却还没解决这些问题的话，那么只会让自己赔了夫人又折兵，进也不是，退也不是。

花店要合法化经营

开花店是一门生意，自然要取得经营许可。在办理营业执照前，应先选定公司的经营性质。通常花店要在是办理个体工商户还是有限责任公司这两者之间，选择其中一个。

通常来说，个体工商户的注册资金相对要少一些，一般交的是税务局的“死税”，即每个月都缴纳数目相等的税额。如果发票开的数额税值超过核定的固定税额，那么可以在下次换发票的时候进行补偿。这是比较简单一些的途径。不过，要提醒花店店主们的一点是，个体工商户承担的是无限责任，也就是说，如果花店在经营的过程中遇到任何风险，那么花店的店主要以店中及家庭的所有财产去进行赔偿。许多人也许会有些疑惑："不过是一间小小的花店，哪来的什么风险啊？"确实，花店的经营风险相对来说比较小，但也不是完全没有。举一个极端的例子，如果一个顾客在花店中的台阶上摔倒，而造成了身体上的伤害，那么花店的店主也要为此承担责任。这也是潜在的风险之一。

而有限责任公司的注册资金比较高，而且每月是按照实际收入的情况来报税交报表。所以，花店会有专门的会计支出。小公司也可以请专门的会计公司代办。在北京，这样的会计公司就很多，通常一个月需要缴纳几百元的会计代办费用。花店注册成有限责任公司，对外会比较正规，比较容易接活，拓展自身的业务，也有利于将来的发展壮大。同时，又足以承担有限责任，即花店经营有了风险，只以公司财产赔偿，不会累及家庭。当然，也还有其他的公司形式，可以咨询当地工商局。

确定了以什么形式注册公司后，接下来就是办理营业执照。这方面的手续比较烦琐，需要跑很多次工商局，填写很多的表格。办理营业执照时，要提供场地使用证明（花店与房东签订的租房合同和房东出具的房产证明复印件）以及个人身份证，到所在地工商局进行办理。只要店主有耐心，一步一步按照程序走下去，就一定能够办成。如果觉得浪费的时间太多了，也可以委托中介办理。这样就可以省下很多的时间和精力，用来学习插花知识或技能等。

如果想要让自己的花店成为品牌，还必须考虑商标的注册。

一家开业5年的鲜花店由于当时开店时未注册商标，被迫更换了花店名称。店主无奈地说道，由于以前对商标法太不了解，自己好不容易打响的花店品牌只能半途更名。

这家被迫更改店名的鲜花店开业于2009年，经过5年的苦心经营，渐渐在当地打响了名气。但就在这时，当地另一家花店找上门来，要求店主更换店名，因为其鲜花店的名称与自己的花店名称相同，侵犯了自己的商标权。店主觉得奇怪，因为这个名字已经叫了这么多年，而对方不过上个月刚刚开张而已。可是当对方拿出商标登记相关手续时，她才知道，自己输在了经商不懂法上。

注册商标的原则是谁先申报谁先得。如果两个同时申请，谁先使用就批给谁。所以，这个案例提醒准花店店主们，在开店之前就要注意用法律手段保护好自己的权益。

开业办理时，还要记得选个易记的电话号码。电话是开花店的一个营销工具，号码要好记。有条件的花店可以申请两部电话，一部用来接听顾客的电话，而另一部则用来联系和安排花店的日常事务以及洽谈业务等。

去电话局申请固定的电话号码，这件事看起来简单，但也有窍门。申请电话号码时，通常前几位的区域号码是固定的，而其余的部分会显示在电脑屏上，任店主挑选。选择这部分号码的最重要原则就是要易记，最好是无论谁听过一遍，都能记住。如果暂时没有想要的号码，可以下次再选。为了挑选一个易记的电话号码，跑个两三次电话局也是值得的。这绝对不是在浪费时间，要知道，让顾客很快记住店里的电话号码，在无形中反而为你节约了广告费。

有了电话号码，还可以考虑将号码的谐音编成顺口溜，印在花店名片的电话号码下方。如“251414”可以编成“爱我意思意思”等；再如手机号 13141324 × × ×可以编成“一生一世一生两世 × × ×”等。这样，花店的电话号码会在顾客的脑海中留下印象，等到有需要的时候就会适时地提取出来，增强了光顾花店的可能性。

领取了营业执照后，要到工商局指定的地址刻印章，注意千万不要到私人刻章店或自由市场摊上去刻。因为印章的尺寸、字样都有严格的规定，只有到指定的地点刻章才能符合要求。另外，印章要有专人管理。店主要去银行立账户，购买支票。店主还要接受当地派出所的治安管理，了解治安工作的相关规定，按要求安排好花店的治安保卫工作，按时缴纳治安费；同时也要接受当地街道办事处的管理，根据街道办事处的要求，安排好门前三包（包治安、包秩序、包卫生）责任区工作。在安全方面，要做好防火等各项措施，接受地区防火部分的检查，取得防火合格证书。

虽然这些手续很琐碎，而且看上去很复杂，但是精明的经营者们可以在开业准备的各个环节中，穿插着就办理妥当了。而且，现在的工商行政部门都提高了自身的服务效率，经营者可以放心地去办理，把这些合法的手续一一办妥，让自己的花店合法化经营。这样，花店的工作就会有一个好的开端和基础。

开店金锦囊

法制时代，一切都讲法。切勿以为法律是故意给大家添麻烦，实质上，法律是保护人们的权益。花店店主们要遵法、守法，更要懂法。不要因为一时的疏忽或是无知而给将来埋下隐患，让自己的权益有受损的可能。

给花店一个定位

找到自己在市场上的立足点，确定自身独特的经营特色，明确服务于某一个主要消费群……这些就是定位。定位是花店一开始就会面临的问题，即使在花店开张之后，若遇到经营不顺，定位也是分析失败原因的一个出口。近年花卉消费渐渐成为庞大的市场，花卉消费群覆盖方方面面，花店需要先有定位，才会避免因面向“大众”而走不出自己特色的道路。

花店定位的一个重要方面，是确定服务人群，即花店主要将花卖给谁。在开花店前，店主先要做好市场调研，对所在地的花卉消费情况进行了解。这个了解不单包括消费者的层次、消费习惯和已有花店的分布、经营特色等，还要了解可能的潜在消费者的情况和花店业发展的态势。在对大局了然于胸后，分析市场，并结合自身的条件，最终找到切入点。不管要开的花店是大还是小，对经营者而言都是一种全身心的投资，花一定的时间和精力了解市场，能在一定程度上规避风险。

确定了所开店铺将要面对的主要消费群后，店主可以在选址、装修、店名、风格设计、花材质量、插花水平、服务特色等各个方面作出相应的决策。对定位高档的花店来说，如果想在同类中脱颖而出，创出自身的品牌，开店之初就应该持之以恒地保证自己花卉的质量和特色。人员的培训绝对不能忽视，有的花店看起来高档，但服务人员的素质并不高，这会使花店的形象大打折扣。

消费人群的定位做得好，意味着花店早期建设完成一半，经营活动就可以有的放矢地展开。比如宣传方面，那些为高级商务区写字楼提供用花的花店，广告可以打在白领阶层爱看的休闲杂志上，促销活动可以和大商场、高级酒吧、咖啡厅联合展开；面向住宅区的花店，广告可以打在散发给住户的超市宣传单上，或经常与区内的超市联合推出促销活动。总之，定位一旦定下来，许多经营活动将会变得有针对性而更有效果。

在经营范围和档次界定上，也要做好定位。比如，经营范围的定位，一般在鲜花、盆花、干花、工艺绢花、花器、婚庆服务上，根据当地情况、花店位置和经营者的特长进行适当的选择，也可以考虑兼营其他配套商品和服务，以提高花店的综合经济效益。

在花店档次上，有两种定位比较受消费者欢迎：一是店面装潢精致，所售商品价高质优，面向中高收入者经营服务的高档花店；二是价位实惠、花材常见的普通、令人感觉亲切的小花店。做决策时要考虑到的一点是，开高档花店由于价格关系，要打开市场、占有稳定的顾客群是相对来说最艰难的。因为这类花店的顾客最挑剔、最难征服，而且开这类花店在选择地理位置和宣传方面都要投入较多的资金，同时，服务、花艺水平更是要经得起推敲和考验。当然，付出总有回报，这类高档花店一旦打开局面，正常运作起来后，他们的经营状况将是最稳定的，甚至对于经济大形势的波动都有较强的抵抗力。比如在中国台湾花店界颇有盛名的以高品质、高层次为定位的台北花苑，由于长期以来经营有方，在2000年后，面对台湾经济下滑的大局面，每年仍然拥有良好的经济增长，走出了一条精彩的高档花店发展之路。

相对于开高档花店所需的大笔资金，资金不是那么宽裕的店主可以先定位在中小型花店上。通常小店的经营风险较大，同档次店面间竞争更为激烈。这时就需要有坚定的信念，坚信小店也能打出品牌，从门面特色、花材质量、花艺及服务水平、业务项目的精心筹划等方面入手，逐步提高，达到一个较高水平。一位商界成功人士曾经说过："不论起步是高还是低，店主都要从开店第一天起，就想着要把它办成一家百年老店。"

在众多竞争对手中，汀汀突破了其他花店的定位，把生意对准了高级写字楼的"门面花艺"，并通过地毯式宣传的"走商"进行推广，走出了一条与众不同的创业路。

出生于艺术世家的汀汀，在开花店前先对当地的市场做了研究，发现当地的花店大多停留在中低档水平，高档花店很少。于是，她决定先把自己培养成一个插花高手，将来从事高档花店的生意。

半年后，成为插花高手的汀汀正式开始着手开店。最让她担忧的一件事是，当地不过是一个三线小城，也许很少人愿意把钱花在艺术性的花艺作品上，那么可能就会没有市场。经过几天的苦思冥想，汀汀突然想到，既然个人购买高档花艺作品的可能性比较小，那么单位、机构、公司呢？

汀汀注意到，很多高级写字楼相当注重“门面功夫”，即使是前台，也非常注重花艺的摆设，如果能针对这些公司做一些商务服务，不就是一个无比巨大的市场吗？于是汀汀开始与一些高级写字楼里的公司接触，发现他们无论是公司内部布置，还是一些活动、庆典，都非常注重花艺部分。

为了做好自身店铺的推广，汀汀要花比一般花店更多的精力去和公司打交道。在开店初期，她就针对店铺附近的商圈进行地毯式宣传，还针对高级写字楼里的公司推出免费试用前台花服务。她的创意和作品的品质渐渐打动了许多公司，并且愿意和汀汀签下长期的合作协议。汀汀的花店终于做了起来！

在定位上，还有一个大忌，就是不高不低、不上不下，企图两者兼顾。这种做法在两种消费群体那里都难以得到认可，是一个很危险的决策。准店主们在给花店定位时，切忌贪多和全而忽略了针对性。

开店金锦囊

如同其他服务业一样，消费越发展，服务划分得就越细，花店的定位顺应发展也要越来越细。无论花店的竞争有多激烈，总有人可以通过自身对店铺定位上的突破，而为自己的花店开辟出一条道路来。

花店的名字也要漂亮

花店向来都是浪漫之地，人们喜欢在这里买鲜花送给自己或心爱的人。鲜花是情谊的一种美好表达，相信这也是很多花店店主想开花店的原因之一。花卉本身如此漂亮，那么花店的名字自然也要漂漂亮亮。花店的名字可以比作是花店的眼睛，一个有着好听名字的花店，就犹如一位明眸皓齿的女子，能给人留下不错的第一印象。而且，花店的名字在推广宣传方面也有不小的作用。

花店千千万，名字也是五花八门，什么都有。有些花店的名字初听起来觉得普通，但越品越有味道；有的店名一听就让人眼前一亮；还有的听后只能让人哑然一笑。可谓是花开千朵，各有各的味道，十分有趣。

王先生今年40来岁，跟妻子在一座旅游城市里经营着一家花店，店名叫作“新闻香”。好多人看到这个名字，都会好奇地进店铺逛一逛，跟他聊一聊，想知道他为什么会给自己的花店取这么一个新奇的名字。一问之下才了解，原来，王先生这辈子最爱新闻这一行。虽然一直没有干过新闻的工作，但仍然有一颗火热的“新闻心”。对于自己的花店名字，王先生表示，一是表达自己对新闻的热爱和执着，二来也取“新鲜，闻着香”的意思。

这个特殊的名字让王先生的店铺几乎每天都有好奇来询问的顾客，特别是来这座城市旅游的游客。听到王先生的解释后，很多人都报以一笑，然后顺便买几枝花。如此一来，王先生的店铺生意自然是红红火火。而他对新闻的热爱也引起了当地媒体的关注，有记者前来对王先生及其花店做了实地考察和采访，并在媒体上进行了播出。这样一来，王先生的花店更加有名了！

通常来说，花店名称常见的形式有××花店、××花坊、××花艺、××花行、××花艺轩、××花工厂、××花廊、××花艺苑、××园、××花卉、××阁、××花屋、××花巷、××花世界、××花舍等。

具体来说，有以常用鲜花品种（鲜切花）的名称作为花店名字的，如红玫瑰花店、百合花店、郁金香花店、向日葵花店、康乃馨鲜花店等。这种以鲜花名称为花店名字的做法，可以最直观地呈现出经营的主要产品，这也是最容易命名、最多人使用的方式，特别是在一些小城镇或乡村里。不过正是因为很多人采用这种方法，用这种方式取名字的花店也就变成最普通的名字。

也有以衬花材料来为花店取名的，如满天星花店、勿忘我花店、情人草花坊等；还有以其他植物或花卉命名的，如蝶恋花、芙蓉、木兰、绿蔷薇、君子兰、睡美人、樱花、日日红、月季等。

有些花店店主会脱离花卉本身的范围去起名。有以动物名称或传说的人物名字来命名的，如天鹅、吉祥鸟、报喜鸟、鸳鸯等。也有以城市或地名的简称或名称来命名的，如广州又叫羊城、花城，于是就有了花城花店；上海又叫东方之珠，所以有了东方鲜花店；成都叫蓉城，有了蓉城花屋。还有以大自然日常的现象或物体命名的，如太阳雨、彩虹、春天、水中花等。

一些店主为了讨个好彩头，还会用吉祥语为花店取名，如吉祥如意、花好月缘、好事临门、百年好合等；或者为了符合花店浪漫的气质，用一些浪漫的字、词来命名，如浪漫花屋、伊甸园、花瓣雨、清香花舍等；还有来源于花店老板自己名字的，如莉莉花坊、阿飞花铺等。

当然，不是说取了一个好名字，花店就能经营好。花店经营的成功与否，最主要的不是名字，而是品质和服务。就如同人一样，内在的美才是真的美。花店归根结底是一个服务行业，鲜花是一种精神层次方面的消费品，所以追求高品质、高品位和细腻的服务是每一家花店经营者的立身之本。

开店金锦囊

花店的命名思路完全不限于以上提到的各种形式。店主们可以打开自己的思维，进行天马行空的想象，最终确定一个与自身花店定位相辅，同时又能给人留下深刻印象的名字。要知道，没有规则有时候就是最大的规则。

确定长期稳定的进货渠道

进货渠道是非常重要的。试想，如果店铺开张，却没有多少产品在卖，生意又怎么做呢？如果随意找了一个进货渠道，但质量一般且价位高，那么虽然店铺里有东西卖，利润也不会高到哪里去。花卉的质量和价位，是赢得市场的法宝。低价货源一向是花店经营的优势所在。如果多专注于货源的价格、质量和品种等信息，别人做不了的活，别处找不到的品种，自己花店里却有，就不愁花店没有效益了。

花店可以通过花卉市场来提供质量上乘、品种齐全、价格合理的货源，花市可以成为花店的“配送中心”。但是市场上各家供货商的产品质量参差不齐、价格不等，所以花店在货源上一定要获得尽可能广泛的信息，为自己提供更多的选择，而且一定要找各个方面都值得信赖、能够长期合作的供货商。有了可靠、稳定的货源，就像是有了最坚强的后盾，花店店主接下来就可以集中精力提高自身的插花、包装、花艺设计水平，为消费者提供更满意的服务，以争取赢得更多的客户，赢得更多的销售利润。

进货要考虑两个问题：一是进什么样的货，二是到哪里进货。进花除了要进唐菖蒲、现代月季、菊花、康乃馨、扶郎、满天星这六大切花外，还要考虑各种类型的花材，也就是说应将线形、块形、面形、散形、异形的花材进齐全，但不一定每个品种都进。另外，进花时一定要进新鲜、生长健壮、无病虫害、姿态优美、颜色纯正、真实感强的花。

所需货品量大的时候，可以考虑从上海、广州、昆明、海口、厦门等鲜花产地直接进货。批量少时，可以从最近的批发商处进货，若本地有花，应从本地花农处直接进货。一般来说，花店的主要进货渠道为批发市场、鲜花早市、生产基地。对一些中小城市的经营者来说，在当地既没有花卉批发市场和早市，也没有生产基地的情况下，就要加强对外合作，到就近的大城市寻找货源。一般在大中城市都有花卉批发市场和鲜花早市，是花店经营者进货的主要渠道，经营者对货源掌握要不辞辛苦，多跑多问多联络，对各季节各种货的品质、价位、畅销品种等要心中有数。北京、上海等几个城市还有拍卖市场，也可作为经营者的进货渠道，并了解其拍卖规则，把握拍卖时机。

一般盆花经营者可到生产基地进货，要了解生产基地的主要品种，是否适合在当地销售。一般只选择本地的生产基地，外地由于运费和人力的问题，一般的店面经营者不应考虑。花店还要注重和花卉生产基地的合作。基地和花店是前店后厂的关系，关心和帮助基地就等于帮助自己。花店可以为自己供花的基地提供市场信息，解决实际困难。在和基地交易中，花店要讲信誉，讲职业道德，所进花卉费用按时结算，不要拖欠，或先付款，后发花；旺季淡季一个样，有时淡季赔钱也要帮基地把花销出去。这样，花店就会赢得供货方信任。同时花店平时注意处理好和基地的关系，发生紧急情况时，双方才能默契合作。

对于刚开张的中小花店来说，其进货渠道不管是本地还是产地，一定要选择品质好的花材，这往往决定了以后的发展方向。在花店开业时，即使用花量少，也要确保花卉的品质。很多时候，花材的新鲜和品种的多样能为店铺吸引很多顾客，建立起最初的忠诚度。

在进货时，首先要货比三家，比如有的批发商的月季花好，有的批发商的百合花好等。其次，中小花店老板自己要了解各个级别鲜花之间的区别，如果当地的批发商普遍花材质量较低，你可以跟批发商订购级别高的优质花材。而在节假日如果用花量大，也可以考虑直接从大的鲜花产地拿货。

开店金锦囊

开花店的进货渠道还可以选在有一些花卉生产基地或者花农的城市的郊区，产品既有鲜切花，也有盆花，还有一些特色种类。比起批发商的产品，这里的货价格便宜、新鲜，有的更适合本地市场。虽然花农的产品看上去可能较粗糙，但是只要稍加工，比如换个花盆，盖点青苔，或者加点小石子，就能变得很精致，也会提升所赚的利润。

第四章 实操准备

办好了开业的法律手续，想好了花店的定位、名字，并确定了进货的渠道后，花店就可以进入实际操作的阶段了。选址、装修、陈列布置、雇人、准备开业……一系列的工作都要落实。这时候已经没有了退路，必须一步一步地走下去。

这是一个让人兴奋又忐忑的阶段。经过了审慎的思考后，做出了开花店的决定；又经过一段时间的具体考量，确定了怎么开花店，在真正落到实处的时候更加要精心准备。本章就将带领各位准花店店主们仔细周全地做好实际准备，把花店轰轰烈烈地开起来。

花店开在哪里很重要

要开一个花店，选址是最基本也是最重要的因素。如果没有一个较好的经营场所，顾客走不进你的花店，周围没有一定的客流量，那么无论你的管理有多严密，服务有多周到，也是很难获得成功的。尤其是对于单纯从事销售的花店来说，理想的选址就等于成功了一半。

肖楠经营花店已经有快四年的时间。谈起自己的成功之道，肖楠用了简单的三个字概括，那就是“店址好”。肖楠进一步解释道：“现在各家花店出售的鲜花其实没有太大的差别，因此一个好的店址就非常重要了。就是你要让想买花的人很方便地就可以买到花。”肖楠开店的时候正是考虑到这个因素，于是不顾家人反对，坚持把店开在闹市繁华地段，不过面积就小了点，只有几平方米。但就是这几平方米的店铺每个月的租金都不便宜。

肖楠说，她平时其实没有太多熟客。因为闹市区大多是商业中心，住宅区相对少一些。她店里的鲜花销售主要以零售为主。虽然每月的租金比较高，但由于每天的顾客不断，销售还是相当不错的。她将这一切都归功于自己当初选了一个好的店址。

花店选址最重要的是要和自身经营的品种、价格、档次、规模联系起来，也就是根据定位来选择合适的地点，看适合在哪里开店。如果经营品种无特色，服务质量一般，即使开在闹市区，收入也不会高。当然，如果机缘巧合，先确定了花店的地址，那么也可根据既有的店址进行花店的定位。

通常，花店开在商圈，是个很好的选择，如北京 CBD 中央商务圈、上海的外滩商圈等。还有大学区、医院附近等，都是很好的选择。以下列举几个最常见和比较有代表性的选址方案供准花店店主们参考。

1. 繁华区、商业区

一座城市的繁华地带和商业中心，本身已形成了一个固定的销售场所，同时也是最具消费气氛的地方。值得一提的是，这些地方往往也是高级酒店、宾馆和会议场所的集中地，这也就意味着还可能会有大宗团体消费。在这里开花店，一开始就具备了“天时”“地利”。如果店主又经营得好，就达成了“人和”，自然容易取得成功。开在繁华商业区的花店通常要求高档次，在装修和经营品种上都走高端路线。在经营方针上，可从店内零售和订货业务两个方面来经营。

杭州一家湖滨路上的花店就选在繁华的商业区开张。为了选址，店主做了精细的分析。他曾经一连几天都站在繁华的湖滨路上，对所有的行人进行统计分析，最终得出一个结论是，杭州人可能一辈子也不会去这座城市的某一两个地方，但绝不会不从湖滨路走过。于是就把花店开在了这里，正是因为选对了地方，开业后的第一个星期就做了几十个大花篮，营业额超过了万元。

2. 大学区

爱花的年轻人有将近一半都是大学生。鲜花不仅千娇百媚，惹人喜爱，更重要的是花本身还有特定的含意，能传递一定的情意，比如红玫瑰，传递爱意；黄玫瑰，表示道歉；康乃馨，蕴涵着母爱；勿忘我，直接的情意表达；满天星，则代表着一首迷离的情诗……花已然成为一种文化和时尚，这对于大学生有特定的吸引力。

一位大学老师很爱鲜花，平时常逛大学附近的花店。而在教师节或圣诞节，收到学生送的鲜花，也让她特别开心。大学男生想向自己心仪的女孩表白，几朵花或一束鲜红的玫瑰就能让对方明白；而有的大学生在为自己的亲朋好友送礼品的时候，也会在礼品盒上附上一枝康乃馨或一枝红玫瑰。大学生们购买鲜花量最大的几个节日是教师节、圣诞节和情人节，送老师多为康乃馨，而圣诞节和情人节则多购买红玫瑰。以鲜花赠友寄情，是当代大学生最喜爱的方式之一。鲜花已经成为当代大学生生活中不可缺少的一项消费品。几乎所有的大学区内，都开有花店，可见这也不是什么秘密了。所以，若准备要在某大学区开店，要先调查清楚附近目前的花店分布和水平，若竞争激烈，也不能盲目开业。

3. 居民住宅区

开在居民住宅区的花店，家居绿植等产品通常都能卖得很好。花草能够让人赏心悦目、陶冶情操。在紧张的工作之余，如果家中有几盆花草侍弄一下，既给生活增添了乐趣，又是一种极好的家庭装饰。在当前空气质量普遍不佳的情况下，家居绿植更加受到欢迎。有些小区的居民，基本每个家庭均养有盆花，少则一两盆，多则三五盆不止。最常见的有水仙、仙人球等。尤其是老年人退休后活动量大大减少，在家侍弄花草，看着它一天天地抽新叶、长大，开出美丽的花，既可以打发时间，也能让心情愉悦。在一些高级公寓和别墅区，花店的生意就更好了。这些地方的人收入较高，消费层次也高，常常购买一些高档次的花来作为一种高级的家装。鲜花已经成为家庭必不可少的摆饰。

4. 医院附近

医院附近的花店其实主要做的是患者的生意。到医院探望病人，水果和鲜花是常带物品。一些开在医院旁的花店也顺便卖起了水果，这是一种聪明的做法。盛开的花朵展示着无限的生命力，当一个住院的朋友，收到一束美丽的鲜花或一个漂亮花篮，不仅感受到了朋友的真挚关怀和对自己早日康复的期望，放置于清冷的病房中，也能起到调节气氛、平稳情绪、感受生活、感受希望的作用，从而配合治疗效果的发挥。

5. 其他周边环境良好的地点

拐角位置——拐角是两条街道的交叉路处，花店开在这里，可以增加橱窗陈列的面积，两条街道的往来人流汇集于此，行人较多，会吸引更多的消费者来消费。

三岔路口——此处开花店从各方向看都非常显眼，花店正面入口处及侧面的装潢、广告招牌、展示橱窗等要精心设计，力争把过往客人吸引过来。

文化氛围较浓的地点——氛围好，潜力大。

上海一位花店店主就将自己的花店开在了环境静谧的思南公馆内。这里没有高楼林立、没有喧嚣客流，只有一间接一间的咖啡馆与艺术长廊，店主非常钟爱这里的环境，有开花店的想法后就希望找一个有历史氛围、带有小花园的地段，几经周折，终于选择了思南公馆。或许以常人的目光来看，思南公馆并不是开花店的好地方，这里不是时尚汇集地，也不是人流密集的中央商务区，但这里浓厚的历史氛围，以及蕴藏的上海韵味与腔调，却间接地帮花店“筛选”出了具有良好品位与修养的高端客户群体，使顾客气质与花店定位完全相符。寻常人眼中最看重的人流和交通似乎被摒弃在外，而自我风格的展现才是真正使花店长久生存与发展的基石。店主表示，不论是买花还是卖花，带给顾客的都是一种体验，他们所看中的是设计背后的文化价值。

开店金锦囊

选址要做好调查，比如预想地段花店的分布情况，另外还要从交通状况、客流组成、周围环境、潜在客源等多方面进行综合考察。切记不要匆忙开店，有些人为了赶在节日前开店，店址未经过仔细思量，结果只能是得不偿失。

花店装修不可怠慢

选好店址，接下来要做的事情就是装修了。精巧、漂亮、独特、有风格的装修设计，不但可以吸引顾客走进花店，而且花店某处别具风格的设计还能激发顾客的灵感，让顾客将花店装修与家居装修结合起来，这是一个生成花店常见的好办法。

在北京一条充满老北京气息的街道里，一间花店以其独特的店面风格吸引了人们的目光。这是一家传统与现代、古典与时尚混搭的花店。说它传统，雕花的本色木柜上一幅水墨画栩栩如生；说它现代，几款精致的鲜花礼盒绚丽芳香；说它古典，一把小扫帚和一只秤杆都能成为装饰物；说它时尚，各种闪钻配饰恰当地融入其中。无论是花丛中挺立的翠竹，还是鸟笼里呼之欲出的空气凤梨，都使这间并不宽敞的店铺多了几分混搭气质。

花店店主是学盆景园艺出身的，骨子里就带着对传统文化的喜爱。开花店前，他又专门去认真学习了多项花艺课程，渐渐形成自己独特的设计风格。花店开张后短短几个月，周边不少居民和单位便已成为花店的常客。吸引他们的有橱窗中展示的精美花束、琳琅满目的多肉植物、几元钱便可捧走的小小盆栽和亲手组合盆景的那一份心情，另外还有不少顾客专为婚礼现场的花艺布置慕名而来。

在装修花店前，脑海里要有一个大致的概念，可以借鉴其他经营成功的花店的做法，结合自己的构想进行整体的规划设计，同时要以自身花店的实际情况为基础，从实际出发进行花店的装修设计。

首先，是水电改造方面的基础设施设计。无论是能源电线、照明电线、电话线，还是传真、数据宽带网线等都要先安设好。店内一定要在方便操作的地方安好上下水设施，地板材料要坚固耐用。因为花店用水较多，不时会有水洒在地板上，因此木地板、地板块等胶贴的材料都不太合适，仿石地砖要好些。墙面背景可考虑用乳白色、淡粉色，适合衬托鲜花和作品；粉绿色也是不错的选择，有自然清新的感觉。

其次，在灯光设计方面，要保证花店里有充足的光线。光线对表现室内鲜花和作品也有很大的影响，花店的光线要明亮，以暖色为宜。注意选择可以调节方向的射灯，对以后烘托不同大小、位置的作品比较方便。如果店小，可以装一些镜子改善视觉效果。

最后，在设备方面，花架在店内可以准备一些随时可以移动的花架，以备不时之需。注意橱窗的规划设计，橱窗可以很好地展示花店的花艺水平，橱窗设计如果很独特的话，本身就是最好的广告。橱窗可以用来展示花店节庆、季节、商品、环境主题等内容，是吸引顾客进来购物和花店宣传的窗口，因此橱窗设计是一个很重要的部分。

此外，还应注意门前的环境，看看能否用灯箱等设施为花店创造一点“自留地”，这是为以后在高峰期，比如在情人节、春节等业务忙的时候，或者是大宗花篮业务时，可以“扩张”借用一下街上的空间。

花店装修时要注意两个问题：一是独特性。花店装修应通盘考虑花的特性与自己的审美情趣，切忌千篇一律。可以对本地花店的装修情况做一个调查，取长补短，但不可盲目照搬，要有自己的特色。具体来说，首先确定采用古典式还是现代式，古典应突出雅，现代应突出亮。不论是古典式还是现代式，都要在店内布置一两个使人过目不忘的景点。即使客人忘了你的名字、店名，但当他回忆起你店内的特别景物，也能找到花店。二是别致度。店内布置除了要有当地流行的插花形式外，还必须要有几个当地没有的插花造型。这些作品虽然不一定能被人看中成为商品，但能给人以美感、享受，使人流连忘返，由此也会加深对你的花店的好感。

下面是一些较成功的花店装修效果图，供大家参考。

图1　田园风格花店装修效果图

田园风格的花店装修是最普遍的，美丽的鲜花缠绕着房屋建筑，再把一些精细的后期配饰融入设计风格之中，更加明显地体现出人们追求舒适的生活氛围。清新自然的田园风格，带给我们恬静的感觉。

图2　欧式风格花店装修效果图

欧式风格的花店装修强调以华丽的装饰、浓烈的色彩、精美的造型达到雍容华贵的装饰效果，但是给人感觉却不复杂，雍容华贵且淡雅大方。

图3　自然风格花店装修效果图

自然的范围很广，但是对于花店来说自然是对花店的最好诠释。在设计上讲求心灵的自然回归感，给人一种扑面而来的浓郁气息，自然清新最怡人。

图4　韩式风格花店装修效果图

韩式风格的花店装修婉约温柔中带着坚忍，往往给人以唯美、温馨、简约、优雅的印象，柔美的色彩绽放在小巧的空间里，使紧凑的空间拥有更加灵动的感觉，是一种美的享受。

新手店主在装修时，必须还要考虑到的一个问题是资金。如果资金并不是很充裕，可以尽量从以下几个方面节省资金。首先，可以在门面外观的设计，商品摆放的陈列柜台，地面、墙面、天花板的色彩上多做文章。在色彩不失真的前提下，造型上力求简洁、大方，尽量降低装修材料的成本。其次，在不影响质量的前提下，还应该尽量降低人工成本。最后，在灯具方面，可以自己制作一些工艺性的灯具，既可以作为商品出售，同时还能起到装饰的效果。

花店商品整体布置这一块要精心设计，不同的摆放方式，效果大不一样，布置应该能充分体现艺术氛围，做到每件陈列品都能成为商品。此外，花店内可以做仿真花场景布置，这能完全体现花艺制作的技术、综合设计、空间布置的能力，使整个花店有很浓的艺术氛围，这有利于花店商品插花，如传统餐桌花、大堂插花、茶几插花等的促销，也有利于花店承接工程，并引导当地花艺场景布置市场。

开店金锦囊

新开花店要想在激烈的竞争中脱颖而出，离不开新颖别致的装修设计。花店象征着美好的东西，向人们传递的也都是美的感觉。因此，花店装修也一定要秉承这种思路，向人们传递出各种美好的元素。花店空间大小不是主要因素，最重要的是彰显个性，能带给人过目不忘的印象，为花店吸引最初的客源。

陈列布置营造氛围

装修之后，就开始进行产品的陈列布置了。花店的陈列布置很重要。精巧、美丽的陈列与布置，不但能吸引消费者的视线，引领其走进花店，而且巧妙的布置能营造出良好的氛围，可以刺激顾客的购买欲。

在陈列布置上，一要抓住焦点空间。就消费者心理学而言，所谓“焦点空间”，就是店内最容易吸引消费者目光的所在。由于花店通常都为中小店面（30 平方米以下），故主要焦点空间不外乎是通道的正面、店面入口的左右壁面。如果店内走道长，焦点会在走道中央；如果墙壁很长，焦点便在壁面中央。确立焦点空间之后，便可进一步推出各种促销手法，摆设在上述地方。

二要充分利用立体空间。把立体空间充分利用起来，以增大有限的使用面积是个不错的办法。使用各种质地的架子以及悬挂用具等都是填充立体空间的方法。山西一间花店的装修方案就以一块主要墙壁为背景，做一些高低不同的立柱，在墙壁上做些半圆形的突起，把一盆盆绿色观赏植物摆放其上，错落有致。这不仅使原本的墙壁充满了生气，起到美化、装饰的作用，还充分利用了立体空间，使植物摆放的数量增加了，可谓一举两得。

三要巧用玻璃镜面。花店的装修主要体现在“花团锦簇”这个词。要达到这个目的，很多时候只需要一个简单的办法，那便是多装有反射功能的玻璃镜面，这样店面空间显得大了，一枝花变两枝花，一束花也变为两束花了。

四要做好色彩的搭配。有时候我们走进一些花店，虽然也是满眼花开烂漫，却很难感受到每束花独特的美感，丝毫没有购买的欲望。这时花店布置就显得很重要了。这其中就涉及色彩的搭配。花卉的颜色本已是五彩缤纷，如果在陈列布置上不注意色彩的相互协调搭配，就会显得乱七八糟。因此，将不同色彩的花摆放在一起展示给客人时，一定要注意色彩搭配和谐。例如，深紫色的勿忘我和红色的玫瑰花摆放在一起就不和谐，会让人对两种花都失去兴趣。

陈列布置的最高原则是要给花足够高的地位。我国北方的很多花店普遍不够重视这一点，鲜花大多时候随意地放在塑料水桶里或是直接摆放在地面上。但是在南方的许多地方，花店店主会将鲜花分成一小束一小束的，插在精美的玻璃花瓶里，然后摆在高高的台面上，所以他们的花可以卖出更好的价钱，而且会卖得更好。一些花店老板甚至直接去家具厂，特别是一些比较高档的家具厂定制货架，其精美程度不亚于高档家具。此外，还可以定制个性货架，或者给货架涂上个性的颜色。实践证明，把摆放在地上的花卉产品放到货架或者展示台上，产品的销售额会跟着提高。

此外，还要重视盛放鲜花的容器。通常来说，玻璃瓶显得高档，又能随时看清楚整枝花的状态，是非常好的选择。容器的选择以质感好、样式简洁为上。当然，如果有高档、新奇的花材，也可以搭配新奇别致的容器。

另外还要意识到的一点是，花店的产品不仅仅只是花。平时在插花中会用到的花泥、包装纸、缎带、剪刀、铁丝、花篮、花器、蜡烛等，只要是和插花有关系的，店里都可以进行贩卖。在陈列与布置上，要将这些东西一起考虑进去。

主题式的销售及重点展示陈列是现在花店最常用的陈列方式，也可以说是最有效果的陈列方式。这种摆放方式是在店里最明显的地方开辟出一个区域，与其他的杂物分开，经过精心的设计，共同表现出节庆、季节等主题，还可以搭配上卡通画、宣传牌等。在节日时可以利用这样的陈列方式吸引众人的目光，而且很能刺激顾客的购买欲。

此外，在新产品发布时，重点展示陈列也是一个很不错的办法。在重点区可以只单纯地展示新产品，也可以用当下流行的故事性叙述方式来表现新产品。不过更重要的是要借机告诉消费者如何使用新产品。其实不论是新产品还是已上市的商品，店主在熟悉了商品的特性后，就可以想办法推出来吸引顾客。顾客在接收到这样的示范暗示后，就会更有信心购买。比如，在店里可以布置出客厅一角，摆好新款的烛光花艺，或是模拟一个书桌，摆设小型的绿色盆栽，都可以引发顾客的购买冲动。

开店金锦囊

花店的陈列布置有很多种方法，店主要有意识地经常对花店的陈列布置做适时的改变，既要让花店给顾客一种比较既定的印象，又要不断营造新鲜感。只有这样，顾客走进花店才会有既熟悉又新奇的感觉，习惯时不时地过来看一下，自然就增加了其购买花卉的可能性。

花店要雇到合适的人

当花店的各项准备都做得差不多时，就要考虑花店的人手问题了。一家花店无论大小，都要有自己的基本队伍，通常包括花卉技术人员、懂得花卉技术的管理人员、热情真诚的服务人员，以及能吃苦耐劳的鲜花外送人员等。当然，这些人员在开店初期是不是全部都要，或是以什么样的形式组织起来，则需要根据花店的规模大小、资金强弱和业务情况来决定。

通常情况下，许多花店店主雇什么样的员工都是根据自己的喜好来决定的。小型花店的老板要自己照看店面，还是会考虑招1～2个帮手来帮自己。特别是如果店主本身在花卉方面并不是高手，就一定要请技术人员。技术人员是花店的骨干，店主在选聘时一定不能马虎。管理人员方面，最好是请有经验的人来担任。而服务人员就要挑那些亲和力强、热心又真诚的人。

在招聘渠道方面，主要是通过网上求职网站来招聘人才。个人花店店主可以网上发布招聘信息，等待有意向的求职人员投递简历，并从中筛选出自己心仪的员工。除了通过网上招聘，也可以通过他人的介绍，比如托亲戚、朋友介绍。不过要注意的一点是，即使是熟人介绍过来的人，也要经过正式的考核，千万不要因为顾及面子就降低招聘的标准，给自己带来损失。在聘用员工时，要体现“公平竞争”的原则，不管是谁介绍来的，都要符合自己的用人条件才能录用。

另外还有一定要注意的一点是，要与员工签订聘用合同。很多花店店主在开店之初，因为对将来不够确定，或是有太多手续要忙，于是忽略了与员工签订聘用合同，这将会带来许多不可知的潜在风险。比如员工突然离开，或是怠工散漫，都会为店主带来损失。劳动合同不仅是为了保障员工的利益，也是为了保障店主和花店的利益。一方面，合同是当事人双方之间设立、变更、终止民事关系的协议，依法成立的合同将受到法律的有效保护；另一方面，由于花店所涉及的行业有专业性，如果不跟员工签订合同，就会容易出现人才流失，严重的话会让花店的发展停滞。所以，签订劳动合同是十分有必要的。

为了提高签约的效率，建议店主可以在招聘之前先草拟合同，由员工来决定是否签约，或者是否需要变更合同的内容。待内容确定后，再正式签订合同。签订合同的时候应该一式两份，严格按照劳动法的相关章程来办理。店主开办花店不是一场游戏，花费了很多的心血。为了能够好好地经营，相关的法律约束是必需的。

作为花店的创办者，店主理所当然要竭尽全力地工作，但是单单是自己竭尽全力地努力是不够的，还需要员工的协助。当店主招到员工后，还要想办法管理好这个团队。

让员工热情回应的管理能力绝对不是店主单凭“老板”这个身份就能拥有的。在鲜花店这个团队里，店主是员工们目光的焦点，他们往往会模仿店主的工作习惯和修养。所以，店主必须要时时刻刻以身作则，拥有良好的工作习惯和道德修养。那么店主要如何以身作则呢？首先，要加强自我管理，即使在没有人严密监督的情况下，也能严格要求自己，认真工作。其次，要忠于一个目标。有些员工喜欢和将感情、身心都奉献给工作的人共事。除了关心自身利益，店主要忠于某样东西，比如一个组织或者一个想法，并让员工们加入其中。再次，店主要培养自身的竞争力，掌握对组织有用的技能。通常来说，店主的绩效标准应比对工作团队其他人的要求还要更高。最后，店主要有值得员工信任的知识和判断力。另外，店主还要有较高的伦理道德标准，勇于承认自己的错误。身为一个创业者，店主如果不能自律就无法以德服人。如果没有办法取得员工的依赖和认可，那么花店必败无疑。优秀的店主必须要知道，要求下属员工要做到的事，自己必须首先要做到。除此之外，店主要还帮助员工进行个人能力的提升，慢慢让员工去分担一些事务。

开店金锦囊

花店开张初期，在人力方面的支出可以尽量减少，特别是小型花店。如果店主是技术人员的话，那么就可以不用聘请技术人员和管理人员，只请服务人员，甚至外送人员也可以省去。总之在开店之初，在人员招聘上，应尽量化繁为简。当然，如果一开始就要做大花店，那么在人才招聘上就要有全盘详细的计划，力求一步到位。

选好时机打响第一枪

很多花店店主最初都觉得开花店是一个非常美丽浪漫的事业，然而如果经营花店带来的收益不足以提供生活所需最基本的面包，你还浪漫得起来吗？既然准备把花店当成自己的事业，就要对这个行业有深入的了解，做好充分全面的准备。一个成功的花店受很多重要因素影响：资金、选址、服务、花艺水平、货源……但很多朋友经常忽视了另外一个重要因素，那就是开花店时机的选择。

鲜花行业是有淡旺季之分的，通常情况每年的 9 月到次年的 5 月为鲜花销售旺季，期间有教师节、中秋节、国庆节、圣诞节、元旦、春节、元宵节、情人节、妇女节、母亲节、护士节等重要的鲜花销售节日，而 6—8 月间只有儿童节、父亲节、建军节、七夕节等消费者鲜花消费习惯不足的节日，故称为鲜花淡季。很多开花店的店主都说，6—8 月花店能保本就不错了。仔细琢磨一下，主要原因有两点：一是因为这个时段鲜花节日少，此间鲜花销售情况极不理想；二是因为这个时段全国大部分地区天气炎热，鲜花保鲜难度上升，加上供货产地鲜花质量明显下降，导致花店鲜花损耗巨大，成本增加。不过，房租却不可能因为是鲜花淡季而降下来。对于鲜花店的新手店主们来说，开业的时机最好要避开这个“非常时期”。

一般开花店的最佳时机为每年的 8 月和 9 月。有人会说，8 月不是淡季吗？是的，但是只有一个月时间，在这个月里，花店新手可以先熟悉这个行业，充分准备应对旺季，有什么问题也容易解决。如果等到旺季再手忙脚乱，就会影响到花店的信誉。可能也有人会说：到春节前再开业不行吗？当然可以，可是这样就错过了春节前的好几个重要节日。

如果错过了这个最佳时机，那么店主要怎么办呢？其实，店主也可以人为地为开店造势。一家鲜花店如果静悄悄地开，会错过开店时的促销时段，也会错过为自己的店打响名号的宣传时段。所以在开店前，为自己的店造势也是非常有必要的。

比如，在开店之前，就在店铺附近向路过的行人发传单，告知开业时间，以及开张后推出的促销信息，这至少会让行人知道这附近开了一家花店，而对花感兴趣的人，则会被其促销信息吸引，等花店开张后光顾店铺，说不定就能促成交易，并且有可能成为花店的忠实顾客。店主也可以通过会员制等手段，为自己建立一个最初的顾客群。

再比如，店主可以在店铺门口或橱窗上贴出海报或宣传牌，告知开业时间。花店也可以试营业一段时间，积累人气，并调节自身店铺可能存在的问题，慢慢让自己做得越来越好，最后再确定一个正式开业的时间。

总之，开业时机一定要经过精心的策划，切忌仓促开业。如果没有做好准备，就匆忙开业，那么就会让花店以一个不成熟的面貌迎客，这对花店形象的树立将会产生不好的影响，让起步更加艰难。

开店金锦囊

可以充分利用花店的开店时机，将其作为宣传的重要时机，从而获得第一批销售额和积累第一批客源。店主应该精心挑选开店时机，尽量将其安排在花店旺季之前，即每年的8月、9月，利用花店的开店为自己打响第一枪。

第五章 专业准备

花店是一个专业性的行业。作为花店店主，如果对花卉知识一无所知，被顾客问到答不上来，就会非常影响顾客对花店专业度的认可。而且如果不懂得基础的专业知识，在管理员工方面也会阻力重重。

本章将为准花店店主们介绍一些花卉的基本专业知识。通过本章的介绍，即使花店店主原来还是一个花卉业外行人，也会对花卉有一个基本的了解。而且，越了解才会越喜欢，看到花卉原来是这么美好的事物，那么开花店的心情也会更好。心情好了，开店的成功率就更高。

什么是花卉

什么是花卉？这个看似简单的问题，如果真要回答起来，你会发现并不那么简单。从广义上来说，花卉是具有观赏价值，经一定技艺进行栽培和养护的植物及其一部分。其观赏部位不限于花，可以是花、果、茎、叶、根、种子等任何部位。

品评花卉，可从花色、花姿、花韵三方面进行。

从花色上来看，花卉的颜色五彩缤纷、姹紫嫣红。花卉是由于花瓣中所含的花青素、胡萝卜素和叶绿素，随植物细胞组织液中的酸碱浓度不同而呈现不同色彩的，它能直接影响人的情绪。当人们看到颜色之后，眼睛后的细胞就会将信号传入大脑。这些信号会在体内产生某些化学物质。据专家研究，不同的花色能产生不同的光能，并能影响大脑及体内那些把信息从神经传到神经，以及从神经传到肌肉内细胞的化学物质。不同的花色由此通过影响体内产生的这些化学物质来调节人的情绪，如红艳似火的石榴花、橙红色的凌霄花、金黄灿灿的油菜花等，能烘托一种热烈兴奋的气氛；雪白的茉莉、栀子给人以清凉素雅之感。

一般来说，红、橙、黄色花，给人以热烈、温暖、兴奋的感觉，能增加人的食欲，有益于低血压患者。青、白、粉红、蓝、绿色花，给人清凉、恬静、娴雅的感觉，对发烧、高血压、神经衰弱患者有镇静作用。据说，国外不少监狱的房间都刷成粉红色，有关人员发现：一个狂暴的人在粉红色调的房间里，不到十分钟，就能安静下来。绿色，是大多数植物枝叶的颜色，是自然界的基色，是保护眼睛、调节精神的最佳底色和基调，有安定神经系统的作用。

从花姿上来看，花姿有横、斜、曲、直、悬垂等类型，各种姿态各具其美。如横姿令人感觉恬静闲适，斜姿潇洒豪放，曲姿柔和婉约，直姿庄重威严，悬姿轻柔飘逸。自然界的花卉可谓千姿百态，如游龙、翔凤，似惊鸿、雄鹰，如卧虎、蹲狮，也有的像睡美人、霓裳仙子，引人遐想，发人幽思。在画花时，也常有“花以形势为第一，得其形势，自然生动活泼”之说。对于自然花卉也是如此。花卉纵有丽色馨香，而无娇姿美态，便少了风神韵致。

从花韵上来看，花韵有端庄、潇洒、凝重、飘逸、淡雅、清秀、富丽、含蓄、豪放、妖冶、典雅、温婉、雄奇等类型。不同的花各有其独具的风韵。如文竹，体态轻盈，给人以文雅潇洒的感觉；含笑花花苞含而不放，予人以含蓄蕴藉的印象；苍松老干劲挺，高耸入云，可谓高雅；翠竹清瘦洒脱，可谓潇洒俊雅；梅花疏枝横斜者清雅，老干遒曲刚劲者古雅；菊花性耐霜寒，清芬宜人，可谓坚贞高雅；水仙青葱挺秀，幽芳四溢，极为娟丽素雅；荷花清丽秀雅；牡丹雍容华贵、富丽典雅。

花有难以抵御的魅力，总能给人新鲜奇妙的美感，令人百看不厌。花卉不但能给人无穷美的享受，陶冶情操，还能防治疾病，令人身心康健，益寿延年。人们通过赏花色、闻花香，以花为食，以花为药，甚至通过养花弄草的适度运动，都能起到防病治病、强身健体的作用。

一位92岁高龄的老人说，他十分喜欢花，每天都在花香中早早起床，然后走出去活动筋骨，呼吸新鲜的空气。在花草的天地里，人都仿佛变年轻了。宋代著名诗人陆游寿命也高达85岁。他一辈子爱花成癖，酷爱梅花、兰花等花卉。一次他种植兰花和玉簪，并作诗云："芳兰移取遍中林，余地何妨种玉簪，更乞两丛香百合，老翁七十尚童心。"人在闲暇时，摆弄摆弄花草，或施肥、或浇水、或修枝、或松土、或除草……既能锻炼筋骨，促进新陈代谢，增强体质，还能对某些慢性疾病有一定辅助治疗作用。

世界上有许多"长寿之乡"，这些地区多半是山清水秀、百花盛开的所在。为何赏花有益于人的身心健康呢？现代医学认为，人体内有助于健康的一个重要因素是人的精神，生活充实、精神愉快是保持健康长寿的重要因素。赏花可以转移人的注意力，冲淡不良情绪，摆脱不良干扰。花的娇姿、丽色、馨香、雅韵能给人无穷美的享受。久而久之，养花、赏花能起到怡情养性、消除疲劳的目的。

开店金锦囊

开花店，自然要对自己所经营的产品有最基本的了解。一个不懂得看花、赏花的人，将不会了解花的美，也不会打从心底爱上它。所以一定要知道花是什么，才可以真正地开始去细致地了解它，并将它推荐给其他人。

花卉与生活的千丝万缕

鲜花，是美的象征，是健康向上的标志。生活中有很多鲜花，不仅具有观赏价值，而且还有美容养颜、营养滋补及延年益寿、治病强身的功效。花卉和人们的生活有着直接、间接的千丝万缕的联系。

1. 美化生活环境

在室内外选择具有一定观赏价值的各类花卉，按一定的美学原理栽植和摆放，可以使人们居住、生活、学习的环境美丽舒适，带给人们愉悦的心情。

2. 调节气候

花草树木可以调节空气的温度、湿度。在有花卉的地方可以形成冬暖夏凉的小环境。据测定，夏日在有树木的地方，较空旷的场地温度可低3℃～5℃，湿度可提高10%～20%。

3. 净化空气

许多花卉具有吸附和过滤空气中各种尘埃的功能。据测定，同样在距地面1.5米的场地，有树木花草的地方较空旷处尘埃量少56.7%。花卉还可提供大量的氧气。据测定，每小时每平方米的叶面积能吸收二氧化碳1.5克（相当于一个成年人每日呼出二氧化碳的3倍），放出氧气3.8克。巨大的叶面积不断地进行光合作用可以源源不断地提供氧气和清新的空气。在室内，有花卉的房间较无花卉房间含真菌、细菌量少50%。

花卉能吸收不利于人体健康的二氧化硫、氟化氢等有毒气体，而花卉本身不受到伤害，花木将吸收的有害气体传导到根部，寄生根部的微生物会将其分解。人们还发现有一些原产于热带干旱地区的仙人掌类多浆植物，具有与一般植物完全不同的光合作用方式。它们只在夜间开放气孔，吸收二氧化碳，到了白天将气孔完全关闭，夜间呼吸过程中产生的二氧化碳也能自行吸收而消化，不向外部排放，从而使空气清新。据测定，一盆凤梨每夜可吸收二氧化碳 100 多克。一个人夜间 8 小时排出二氧化碳约 300 克，这样计算起来，10 平方米的室内只要放两盆凤梨就完全可以保证室内空气的清新。

不过，有一些花卉是居室内忌放的。比如，月季花所散发出的香味，会使个别人闻后突然感到胸闷不适、憋气与呼吸困难；兰花所散出的香气，久闻会令人过度兴奋而导致失眠；紫荆花所散发出来的花粉如与人接触过久，会诱发哮喘症或使咳嗽症状加重；夜来香在晚上能散发出大量强烈刺激嗅觉的微粒，容易使高血压和心脏病患者感到头晕目眩，郁闷不适，甚至会使病情加重；郁金香的花朵含有一种毒碱，如果与它接触过久，会加快毛发脱落；夹竹桃的花朵散发出来的气味，闻之过久，会使人昏昏欲睡，智力下降，其分泌出的乳白液体，如果接触过久，也会使人中毒；松柏类的花木所散发出来的芳香气味对人体的肠胃有刺激作用，如闻之过久，不仅会影响人们的食欲，而且会使孕妇感到心烦意乱，恶心欲吐，头晕目眩；洋绣球花所散发出来的微粒，如果与人接触，会使有些人皮肤过敏，发生瘙痒症；黄花杜鹃的花朵会散发出一种毒素，一旦误食，轻者会引起中毒，重者会引起休克，严重危害身体健康；百合花所散发出来的香味如闻之过久，会使人的中枢神经过度兴奋而引起失眠。

4. 药用价值

花香可使人心情舒畅、消除疲劳，同时又有治疗疾病的作用，如丁香花能减轻疼痛感，松柏树能分泌一些杀菌素等。此外，花卉中有很多品种是传统的珍贵中药材。据统计，2200 多种的药材中，花卉药材就占有 1/3。

如银杏叶是治疗心血管病的上等药材，杜仲皮可补肝肾、安胎、降血压，芍药、连翘、牵牛花、红花、石榴、金银花等在保障人们健康、医治疾病上都有着重要的作用。

5. 美食美容

很多花卉是营养丰富的蔬菜，如白兰花、桂花、仙人掌、玫瑰花、茉莉花等，可用来制作美味的菜肴、糕点。如今市场上出售很多花粉健美补品，它们有抗衰老、增进食欲、减肥的作用。据测定，花粉中有96种物质，其中有氨基酸22种、维生素14种，它几乎包括了人体生长发育所需要的一切维生素。这些维生素能减少人皮肤的皱纹，增加皮肤的弹性，功效奇特。据测定，芦荟中含有大量的植物蛋白和维生素A、维生素B、维生素C、维生素E和中苔素。如芦荟糖果、芦荟饮料、芦荟面包、芦荟糕点等流行于国外市场。花卉美容护肤品风靡全球。如仙人掌洗面奶、芦荟洗面奶、芦荟唇膏、芦荟牙膏等。

6. 监测环境

某些花卉遇到某些有毒物质会迅速产生反应，从而起到预报预测的作用，它们可称为保护环境的卫士。如松、杉遇二氧化硫后针叶会发黄枯干；丁善、杏、核桃对汽车废气敏感；杜鹃、芍药、郁金香、樱花、万年青、唐菖蒲等对氮化氢敏感，遇到毒气后叶尖或叶缘呈现紫色或暗褐色的斑点；牵牛花对臭氧敏感；波斯菊对氯气敏感等。它们成为有毒气体是否存在和存在浓度高低的报警器。

7. 舒缓心情

花的香味可使人产生欣慰之感。柠檬的香味使人积极向上和兴奋；桂花的甜味使人消除身心疲劳；水仙花、荷花的清香能诱发人产生温馨浪漫的情感；紫罗兰、玫瑰的香味令人爽朗；杏花香能唤起人们美好的回忆；丁香、茉莉的幽香能让人感到轻松，丁香花香还可以减轻牙疼者的病痛；天竺葵花对人体有镇静、安眠、平喘的功效；茉莉花香还有驱散睡意的功效。

以上所提到的花卉对生活中的种种作用，都是店主向顾客推荐产品时可以提到的。顾客如果希望买相关的花卉达到某种目的，店主就可以做适当的推荐。

开店金锦囊

除了买花传情达意，来花店的顾客很多是冲着花卉的其他价值来的。如果花店店主或其员工没有相关的专业知识，无法为顾客提供良好且有效的建议的话，就会失去顾客的信任。相反，若能提供专业的建议，就会建立起自己的忠实顾客群，提升店铺的美誉度。

店主需要认识各类花材

花材，一般为专业从事花店经营或鲜花束、鲜花篮等制作人士经常使用的术语。所谓“材”，指建造、制作某种东西所耗用的材料。花材就是制作花类产品所用材料，可以广泛指代我们在花类产品上看到的一切组成部分，包括主花、配花、绿叶类衬托植物等。

插花使用的花材十分广泛，从木本的到草本的不胜枚举，而作为礼仪之用的花材却相对有限，需要加以了解和掌握。礼仪花材的选择和欣赏，同样也可以按花卉的观赏性质反映出来。此外，还有一些花卉，虽然不属于上述三大类，但仍具有一定的观赏价值，如以芽供观赏的银柳等，也能用于插花。每一种花卉都有不同的观赏点。从花卉的观赏性上来说，主要可分为观花、观叶、观果三大类。

1. 观花类

植物中以花朵、花序、花苞片供观赏的称为观花类。观花类的花材需要在剪切之后，能够保持一定的新鲜度，以供插花欣赏。观花类花朵以其优美的形态、鲜艳的色彩、扑鼻的芳香而引人注目，如牡丹，其花朵硕大，色彩艳丽，品种繁多，以花美而闻名天下，被称为“花中之王”。

2. 观叶类

叶是植物重要的营养器官，在插花中，常作为陪衬材料。不同的植物的叶的大小、形态各不相同。用于插花的叶材，又有一定的可观赏性，如黄金柏、万年青、一叶兰、文竹、高山羊齿、橡皮树、棕榈、巴西木、苏铁、散尾葵等。这些植物的叶子形态优美，杨翠碧绿，风韵清雅，看叶胜看花。特别是有些观叶植物，如枫树、变叶木、花叶芋和红桑等，本身就有鲜艳的色彩和特殊的形态，令人陶醉。杜牧在一首诗中写道：“停车坐爱枫林晚，霜叶红于二月花。”此诗生动地描写出枫林的特色，使人联想到灿若朝霞、如火如荼的红叶，似二月怒放的红花。枝叶在表现自己的同时，还可陪衬花朵，起到绿叶扶花的作用。

3. 观果类

以果实为主要观赏部位。这类花卉果实累累、色泽艳丽、坐果时间长。如石榴、苹果、山楂、火棘、枸骨、代代、佛手、金橘、朱砂橘、乳茄、珊瑚樱、五彩椒、唐棉、观赏蓖麻、紫金牛、观赏西红柿、观赏南瓜、蛇瓜、枸杞、木瓜、银杏、朱砂根等。

花材的种类很多，有木本、草本、藤本等。木本有乔木和灌木之分；草本分一、两年生，宿根、球根和水生植物等。在形态上，花材有线形花、定形花、簇形花、填充花四种。

线形花整个花材呈长条状或线状。可以利用直线形或曲线形等植物的自然形态，构成造型的轮廓，也就是骨架。如金鱼草、蛇鞭菊、飞燕草、龙胆、银芽柳、连翘、唐菖蒲等。

定形花花朵较大，有其特有的形态，是看上去很有个性的花材。作为设计中最引人注目的花，经常用在视觉焦点上。本身形状上的特征使它的个性更加突出，使用时要注意发挥它的特性。如百合花、红掌、天堂鸟、芍药等。

簇形花花朵集中成较大的圆形或块状，一般用在线状花和定形花之间，是完成造型的重要花材。没有定形花的时候，也可用当中最美丽、盛开着的簇形花代替定形花，插在视觉焦点的位置。如康乃馨、非洲菊、玫瑰、白头翁等。

填充花分枝较多且花朵较为细小，一枝或一枝的茎上有许多小花，具有填补造型的空间，以及花与花之间连接的作用。如小菊、小丁香、满天星、小苍兰、白孔雀等。

选购新鲜的花材是制作插花的第一步。像荷兰这样的鲜花出口大国在采摘后都会进行物理和化学的保鲜处理，使鲜花的寿命延长。国内鲜花保鲜处理水平尚低，生产商亦未充分认识到这一问题的重要性，故大多数花材未做保鲜处理，寿命相对较短。选购花材时应注意以下几个方面：

（1）花朵（用拇指和食指轻轻捏一下被包花骨朵的最大处，感觉硬实饱满，但又并不是完全僵硬得无法张开的花朵，也就是有一定的弹性）充实、饱满、无伤、色彩鲜明。

（2）叶绿、无病害、新鲜。

（3）茎秆粗壮、挺直、较长。

（4）切口整齐、干净、颜色正常、无腐败变色现象，手摸切口净、涩，无滑腻感。

买回来的花材还要进行基本的整理。首先应将草本类的花材与木本类的花材分开，长的花材与短的花材分开，花材、枝材、叶材分开，然后将其基部剪切2~4厘米，分别插入水中，并加入适量的保鲜剂以保持其新鲜度。

什么花该送什么人

很多顾客在买花送人的时候，其实并不见得知道应该送什么花，但是他们相信花店能给他们提供非常专业的建议。所以，身为店主，一定要知道什么花送什么人，这样才能让顾客信赖，成为回头客，并为你做免费的宣传。

给老人祝寿，宜送长寿花或万年青。长寿花象征着“健康长寿”，而万年青象征着“永葆青春”。

热恋中的男女，一般送玫瑰花、百合花或桂花。这些花美丽、雅洁、芳香，是爱情的信物和象征。

男女之间表示爱意的花，最好选用红玫瑰、百合、郁金香、香雪兰、扶郎花等。

如果是祝贺结婚的话，除了玫瑰、百合、郁金香、香雪兰、扶郎花外，还可添加菊花（国内作喜花看待）、剑兰、大丽花、风信子、舞女兰、石斛兰、嘉特兰、大花蕙兰等。

新娘子在披纱时所用的捧花，除了有玫瑰、百合、郁金香、香雪兰、扶郎花、菊花、剑兰、大丽花、风信子、舞女兰、石斛兰、嘉特兰、大花蕙兰等外，适当加入两枝满天星将更加华丽脱俗。

节日期间看望亲朋，宜送吉祥草，象征“幸福吉祥”。

夫妻之间可互赠合欢花。合欢花的叶长，两两相对，晚上合抱在一起，象征着“夫妻永远恩爱”。

遇朋友远行，宜送芍药。因为芍药不仅花朵鲜艳，且含有难舍难分之意。

如果要去看望失恋之人，宜送秋海棠。因为秋海棠又名相思红，寓意苦恋，以示安慰。

拜访德高望重的老者，宜送兰花。因为兰花品质高洁，又有“花中君子”的美称。

若遇新店开张、公司开业，宜送月季、紫薇等。这类花花期长，花朵繁茂，寓意“兴旺发达，财源茂盛”。也可送繁花集锦的花篮或花牌。

如祝贺友人的生日，属喜庆的花都可相赠。但对于长辈就应选用万寿菊、龟背竹、百合花、万年青、报春花等具有延年益寿含义的花草为好。如果能赠送国兰或松柏、银杏、古榕等盆景则更能表达尊崇的心意。

对婴儿出生满月，最好送各种鲜艳的时花和香花。

祝贺乔迁则以送巴西铁、鹅掌叶、绿萝柱、彩叶芋等观叶植物或盆景为宜。

遇丧事，宜送白月季、白莲花或素色花，象征惋惜怀念之情。

而对病人送花，则要注意避免很多的禁忌。比如不要送整盆的花，以免病人误会为久病成根；香味很浓的花对手术病人不利，易引起咳嗽；颜色太浓艳的花，会刺激病人的神经，激发烦躁情绪；山茶花容易落蕾，被认为不吉利。看望病人宜送兰花、水仙、马蹄莲等，或选用病人平时喜欢的品种，有利病人怡情养性，早日康复。

节日送花也有讲究，情人节送红玫瑰、郁金香；母亲节送康乃馨、百合花；父亲节送红莲花、石斛兰；教师节送剑兰、菊花；圣诞节送一品红、南洋杉；春节则可送些新颖别致的小盆花，如报春花、富贵菊、仙客来、荷包花、紫罗兰、花毛莨、报岁兰等。

开店金锦囊

送花本是表达美好之意，如果指导顾客送了不合适的花，则会将事情弄巧成拙，不仅会让顾客表错情意，严重的还会影响顾客与对方的关系。从花店的角度来看，一次失败的指导不仅仅会影响一位顾客，而是会影响这位顾客身边的一群人。如果顾客上门追究，影响面就更广。所以一定要做好这方面的专业知识准备。

武装自己的语言

每个行业都有自己的专业语言，花店业也不例外。要入这一行，必须要对花店业的专业语言有所了解。懂得基本的专业术语，在给顾客推销产品时，也能更凸显自身的专业性，让顾客产生信赖的感觉。

山东一间花艺公司的总经理袁女士从事花店行业已经将近20年，从最初一间小小的花店发展到现在拥有近百名正式员工的花艺公司，袁女士结合自身经验，总结出了一套花店专业用语。

袁女士认为，目前花店业还停留在“行内人说行外话”的阶段。要打造自身的专业性，就必须学习“说话”，从自己的语言开始武装。袁女士把花店专业用语进行了分类：专业养护、设计概念、花艺文化。

在专业养护方面，顾客常问及花买回去后叶子发黄的原因，花店往往用“水浇少了”“通风不够”之类的语言笼统地回答。这样不但不专业，还容易误导顾客。其实花店应该从真正的原因着手来解释，比如销售前盆花在温室养殖，现在突然换了环境，需要一个适应期，同时建议定期定量补充养分。这样换一种说法，既能给顾客提供切实的解决方法，也让顾客觉得你的确很专业，值得信赖。

在设计概念方面，一些常见的不专业用语，比如问“你想用哪种包装纸”“花束要什么款式”，这些问题其实常常令顾客不知道该如何回答才好。但换成“如果您喜欢淡雅，我建议选择类似颜色的鲜花搭配；如果希望给对方一个惊喜，那么强烈的对比色或许更有夸张的感觉……”，这样专业性的建议一定更能让顾客觉得舒服。另外，引导顾客产生想象也十分重要，比如“粉色花朵加上白色的围边，花束中间用绿色花朵做‘蕊’，会令人感到心情舒展，我想收到这束花的人一定会赞许您的品位”。在给顾客选择余地的同时将其带入想象的空间，常常能打动顾客的心。

在承接花艺工程设计时，花艺师的专业用语更能增加顾客的信赖感。比如觉得硬装修不足时，可以这样跟顾客描述：线条太过生硬、给人冰冷的感觉，用××花艺手法，花朵柔和的线条可以弥补这样的不足。还可以将花艺与人居环境、现代人心理、室内装潢等相结合来介绍。在一次酒店设计案例中，袁女士这样跟她的客户介绍：设计考虑到现代人生活节奏快，对舒缓环境的强烈要求，对称的西洋式花艺设计给人一种率真、有序的感觉，就像古典音乐。这一介绍融合了心理、花艺、古典音乐等因素，让客户感受到花艺师的专业。

袁女士说，凭借她专业的经验，再加上专业化的语言表达，让她的顾客都十分信赖她，不仅自己常常光顾，还介绍自己的朋友过来。

就像一个人什么都懂，但如果他不能将其用语言很好地表达出来，那么他就不那么容易被人接受，至少在一段相当长的时间里，没有人能真正地理解并感受到他的高明之处。做花店也一样。你可以用实际的作品说话，但一个没有解说的作品，对于很多完全是外行人的顾客来说，难以很好地理解，这也就降低了鲜花本身的魅力。如果店主能够在顾客选购产品时，用专业但又较通俗易懂的语言加以建议和解说，那么一定能很快地建立顾客对自己的好感。

既然决定要做花店这一行，那么就要从内到外认真地武装自己。内在的积累可以一天一天慢慢累积，但首先要学会如何用语言去展示你的产品，卖出你的产品。

开店金锦囊

专业用语就像是礼仪用语一样，需要不断训练。开店之初，店主可以多做一些情景模拟训练。比如，请自己的亲人或朋友假扮成顾客来买花，自己就尝试用专业的态度和语言为其进行介绍和推销。熟能生巧，慢慢地多练习几次，渐渐达到自如的程度，等到面对真正的顾客时，就不会紧张了。

第六章 手艺准备

开花店，最原始的材料大部分都差不多。很多店主都是从几个众所周知的市场上进货。所以最大的竞争力并不在原材料的取得上。同样一束花，在不同的花店会有不同的造型。而这不同的造型就会影响其销量，这就涉及花店人员的手艺了。在花店行业，特别是中小型花店里，店主就是活招牌。一手插花好技艺，是任何其他店都偷不走的资源。

即使店主请了专业的技术人员驻店，也要对插花等花艺作品的制作有所了解。其实，成为一个插花高手并不是特别难的事情。本章就为店主们介绍插花的基本知识以及手艺，帮助店主们尽快成为一个插花高手，成为自己的花店里最宝贵的资源。

插花的基础知识

究竟什么是插花呢？凡是从植物体上剪切下来的，具有一定观赏价值的花、果、茎、叶、根、皮等器官，均可作为插花的主要素材，称为切花。插花就是通过艺术构思、技术加工及摆插来表现其活力与自然美的一门造型艺术，是最优美的空间艺术之一。它并不是单纯的花材组合，而是要把各种花材按照主题和立意进行构思与造型，创造出对比鲜明、协调统一、充满韵律的优美作品。插花不仅具有装饰性、知识性和趣味性，还可以寄托人们美好的愿望，带给人们喜悦与欢乐。

插花主要可以按照艺术风格、用途的不同来分类。

1. 按插花艺术风格分类

根据插花艺术风格的不同进行分类，可将插花分为三大类，即西方式、东方式和综合式插花。

（1）西方式插花，又称为密集式插花或大堆头插花。

西方式插花的外形为几何图形，造型简单大方，色彩以艳丽浓厚居多。花材种类多，数量大，作品形体比较高大，表现出热情奔放、华丽的风格。注重花材的形式美和色彩美，并以外形表现主题内容。注重追求插花作品的块面和群体的艺术效果，而不太讲究花材的个体美或姿态美，尤其不讲究枝、叶的表现，仅将它们作为陪衬或作遮掩花泥和花插容器之用。

在我国，此类插花广泛应用于宾馆、会议之用，能强烈地烘托热烈、欢腾之气氛。

西方式插花主要分传统式和现代式两种。传统式插花以欧洲为代表，它的特点是色彩浓烈，多用大量不同颜色和不同质感的花组合而成，以几何图形构图，讲究对称的平衡。由于多种不同的图形都有较为明显的轴线，因此尽管采用的是民族的插法，色彩斑斓，绚丽耀目，但杂而不乱，浑然一体。花与花之间、叶与叶之间层次分明，有深度，有节奏，表现出很好的章法。叶和枝是比较次要的，其功能只是表现出作品的高度及作静态的背景衬托。

现代式插花则将东方式和传统的西方式结合起来，经过分解，构成设计，插出的作品更能表现出色彩及花朵的美感。

（2）东方式插花，也称为线条式插花，其代表为中国和日本。

东方式插花崇尚自然，一般选用的花材比较简练，不以量取胜，而以姿和质取胜。不仅着力表现花朵的美，而且十分重视枝、叶和果实的表现力及季节的感受。造型上以自然线条构图为主，形体小巧玲珑，色彩上以

图 5　西方式插花

淡雅、朴素著称，主题思想明确，力求考虑三种境界，即生境、画境和意境。生境即师法自然，高于自然；画境则遵循绘画原则和原理，达到美如画的境界；意境即插花的任务和目的，具有一定的主题思想，含蓄深远，耐人寻味和遐思，表现出作者的情怀和寄托。归纳成一句话就是“花不在多，室雅何须大”，构图上比较自由，但日本插花构图较严谨，形式风格化。

图 6　东方式插花

（3）综合式插花。即吸收东方式和西方式插花之特点，加以提炼而成的另一种插花方式。

综合式插花的主要代表是美国。美国在第二次世界大战前的殖民时期以西式插花为主，战后，美军驻兵日本，开始接受日本插花，同时受到西方式插花影响，形成东西合璧的综合式插花。主要形式有T形、S形、螺旋形、L形、三角形、不对称三角形、直立形、水平形等。此种插花常被宾馆、会议等处应用，因为其用花量相对较少，而且能烘托一定的气氛。

2. 按插花用途分类

如果根据插花用途不同进行分类，插花则可分成礼仪插花和艺术插花两种。

（1）礼仪插花，顾名思义，其目的是为了喜庆迎送、社交等礼仪性活动，用来表示团结友爱、表达敬重、欢庆等快乐气氛，因而要求造型简单整齐、色彩鲜艳明亮等，一般为花篮、花束、花钵、桌饰、瓶花等形式。

礼仪用花，特别是花束，要注意色彩。不同的国家和民族对花朵的颜色有不同的喜恶。如欧洲一些国家非常喜爱红色的郁金香（表示爱情）和

图7 礼仪插花

月季（表示友爱），欧美白种人喜欢白色花朵，如白花百合、白花马蹄莲等。法国人喜欢粉红色和蓝色的花；荷兰人偏爱橙色和蓝色的花；意大利人忌黄花。不同的节日也有不同的礼仪用花。母亲节用粉红色花为上，如月季、石竹等。这是由于 1903 年美国费城一位在主日学校辛勤工作 26 年的女教师静静地与世长辞了，举行葬礼的那天，女教师的女儿默默地在母亲的墓前献上了一束美丽的康乃馨。她的举动深深地感动了当地的人们。就这样，约定那天成为当地的“母亲节”。在这一天，人们为了表达对母亲的深情，红色的康乃馨表示对尚健在的母亲的祝福，白色的康乃馨表示对已故的母亲的怀念。另外，圣诞节常用常绿枝，情人节最好送上一枝玫瑰花（粉红月季也可）。

在我国，丧礼用白色、黄色菊花；在祝寿时，选用水仙花表示吉祥如意，百合花表示百事如意，石榴花表示子孙繁衍，灵芝和桃则表示长寿有福，牡丹表示富有显贵。梅花表达对长辈或亲友的一种崇敬、仰慕之情；荷花代表圣洁、美好和高贵，又有幸运、健康、长寿的含义，在中国台湾常用作送给走马上任者的礼物。

（2）艺术插花主要为美化装饰和艺术欣赏之用，这类插花造型上不拘一格，既有线条式，又有西方式或综合式。该类插花注重主题思想的表达，注重内涵丰富、意境深远，色彩上既有艳丽明快又可素洁淡雅。

图 8 艺术插花

开店金锦囊

了解插花的基本分类，是学习插花的第一步。同时，也可以根据自身的喜好和店铺的定位，确定其中一种插花形式进行主要学习，在这一种形式上做高手中的高手。这也有利于为店铺塑造独特的形象。

插花工具大普及

除了花卉本身，插花还需要用到其他工具。花店常用的工具包括：剪刀，用来剪枝条、剪花材、剪纸和丝带等，要求锋利；刀，用来切削花材、切割花泥，依外形分为直刀、弯刀；钳子，一般多用玫瑰钳，还有一种铁丝钳，用来剪金属丝。

除了这些工具，插花所需要的常用工具还有定枝器，用来固定花材，便于造型。定枝器主要有以下三种：一是花泥，一种具有稳定的吸水性能，可以固定或插入花枝的材料，分鲜花和干花花泥。近年又出现了一些使用方便的新型花泥，如花托花泥、带吸盘的花泥、异型花泥，来满足特殊设计要求。二是剑山，也叫针座，主要用于各种不同的水分盆或盘等浅口花器，花茎可直接插在铜针上或针间缝隙处固定，可以重复使用，一般在艺术插花中使用较多。三是铜网，又叫铁丝网，是由细铁丝编织成的六角形孔网，最适于固定重型花枝和更为自由的插花设计，可将铜网包在花泥上以提供附加支持。

铁丝和胶带是插花中常用的辅助工具。除此外也常常会用到订书器和热熔胶枪。为养护插花作品，还用到作为保湿工具的喷雾器。

插花作品完成后，还需要进行包装。包装装饰材料常用的有丝带和包装纸两种。丝带用来制作花结，装饰于花束、花篮、胸花等处的把手部分，与鲜花相互映衬，是礼仪类插花不可缺少的一部分。包装纸是各种色

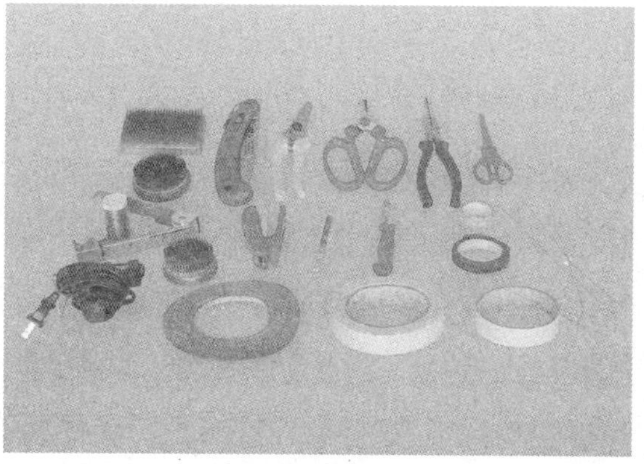

图9 插花工具

彩的塑料纸，上面印有各种花纹，其中有一种特别的全透明的玻璃纸，用它包裹鲜花，会使花朵显得晶莹、亮丽。还有各种不同纸质和无纺布类的包装纸。

在插花中经常使用到的容器是花器。花器是可以用于插花艺术的器皿，分很多种，瓶类花器是最常用的。比较特别的是壁挂式花器，适合挂在墙壁上，一般不能盛水，用于插制壁挂式干花或其他人造花。悬吊式花器适用于悬挂在室内空间的高处供四面观赏。还有篮类花器，一般为竹编、柳编、藤编制品，插花时要在篮中垫好塑料纸，再放花泥。

选择花器的时候，要考虑多种因素。首先，在外形上应简洁大方，比例合适，重心位置适当。忌讳选用外形繁杂的花器，以防喧宾夺主。颜色上要与花朵颜色相协调。深色环境和背景，宜选择浅色的花器；浅色环境和背景，宜选择深色花器。另外要注意的是，花器应与陈设环境的气氛相协调，如中式建筑或家具宜选用陶瓷花器和仿古花器等中式风格的。而现代建筑与家具宜选用金属、玻璃或磨砂玻璃等材质的花器，在西式建筑中可用玻璃仿金银浅盆或高脚花器，配上色彩丰富的花材，显得华丽、富贵。总之，花器一般不要过于华丽和彩色花纹过多，以免杂乱无章、喧宾夺主。

另外还有插花垫座、几架，这些都是陈列插花用的，可起到烘托作品、增加美感、完善造型的作用。垫座通常较矮，形状有长方形、椭圆形、不规则形。几架为较高的方形结构，摆放插花的上顶面为正方形或圆形，一般常陈列传统的艺术插花。

插花艺术也是一门环境艺术，一件插花作品如果摆放的位置与环境不相适应，就会失去原有的观赏效果。原则上，高大宽敞的厅馆、会场、大会议室宜选用大型花器，以体现整齐、庄重、高雅的气派；花材色彩宜浓烈，花多体硕。而传统中式厅堂以瓶插为宜，古色古香，典雅古朴，不宜采用图案式或抽象式花型。现代西式厅堂可选用浅色瓶或盆插成图案式或大色块，以显示热情奔放、艳丽多姿。现代家庭居室中，面积较大的客厅一般比较宽敞明亮，可选用色彩鲜艳夺目的插花，以表示对客人的热情。花材要注意不能有刺鼻的异味，花粉过多的花卉，如百合，要把花药剪去。同时，还要注意忌讳的花材不取用，以营造出一个其乐融融的环境。

开店金锦囊

认识插花的工具，不仅是学习插花的基础，更重要的是要在了解这些工具的基础上，学会用这些工具更好地做出一个令人惊艳的花卉作品。有一个小技巧可供店主们学习，就是挑选一个喜欢的作品，研究这个作品是如何使用各项工具的，这样就可以在更短的时间内熟习这些工具。

插花创作原则及步骤

插花艺术源于自然，高于自然，融自然、艺术、文学、历史、思想情趣为一体，不仅是一种专业技能，也是一种文明的象征和一种生活时尚。

要制作出给人以美的享受、心灵的启迪或良好的装饰效果的插花作品，需要遵循一定的原则和步骤。

插花创作最重要的原则是比例均衡。插花艺术讲究崇尚自然，往往采用不对称均衡的插法，避免机械的绝对对称。一件作品只要合乎比例、结构平衡，就会显出生动活泼、不呆板枯燥。花材与花器的比例要协调。一般来说，插花的高度（即第一主枝高）不要超过插花容器高度的两倍。容器高度的计算是瓶口直径加本身高度。制作插花作品时还要注意质感和轻重，主要通过花材、花器两者色彩取浓淡、体重大小、用材多少以及它们自身质地表现出来。

制作一件插花作品，则通常有四个步骤。第一步是立意。插花创作必须先有立意，然后再动手，才能做到有的放矢，有针对性、有目的地制作插花作品。立意就是确定插花作品的主题，即插花作品所需要表现的中心思想。要表现什么，怎样表现，必须做到心中有数，也可以根据已有的主题选择特定的插花造型、适宜的花器及花材，表达思想，达到意想中的效果。

第二步是选材。选材主要是根据构思设想，选择适当的花材和花器。插花所用花材是从植物体上剪切下来的花朵、花枝、果枝、叶片以及干枯枝条等材料。自然界具有非常丰富的植物种类，其中绝大多数都可以用作插花。一般适合用于插花材料的植物应具备这样的条件：在水养条件下能保持其固有的姿态，并具有一定的观赏价值。污染环境和衣物及有毒、有臭味、花粉易引起人过敏的植物不宜选用；当地传统习惯上忌讳的植物不宜使用。根据构思选择花材一般要考虑到花材的形状、花语及用花习俗。

花器是插花作品构思、造型的重要组成部分，用来盛放、支撑花材，也可以储水以供养花材。选择适宜的花器是制作插花作品的一个重要内容。

第三步，也是最重要的一步，就是造型。造型就是把艺术构思变成具体的艺术形象。造型首先要根据构思立意来选择。如果以装点礼仪、美化环境、烘托气氛为主，宜选用西方式插花造型来表现插花作品。常用的基本造型有塔形、半球形、L 形、S 形等十余种。可以选用单一造型来制作插花作品，也可以将两种造型组合在一起制作复合造型的插花作品。如果以借花寓意、抒发情怀、表达思想为主，宜选用东方式插花造型来表现插花作品。常用的东方式插花造型有直立型、倾斜型、水平型、下垂型。如果以表现自然美、生活美为主，宜选用写意式的造型来表现插花作品。此外还可以选用中西合璧的造型来表现作品，融汇东方式插花与西方式插花的特点，既有优美的线条，也有明快艳丽的色彩，更渗入了现代人的意识、追求变异、不受拘束、自由发挥，但求造型优美，既有装饰性，也有一些抽象的意义。

造型在脑海中有了确定的形象后，就可以运用裁、弯、插三项基本技能，把花材的形态展现出来。裁，即根据造型的需要，把花材削或剪成适宜的长短；弯，即利用插花的花材利用技巧，把花材弯成所需要的形状；插，即应用花材造型或固定技巧把花材稳固地插置于所需位置。在造型过程中，要边插边看，捕捉花材的特点与情感，务求表现出最美的形态和深刻的意蕴。为了突出主题，造型时应设法将人们的注意力引导到你想要表达的主题花材上，让主题花材醒目、突出，其他花材退居次要位置。花材间错落有致，顾盼呼应，上轻下重，上散下聚。

最后一步就是命名了。命名可以加强和烘托作品的主题，使作品更具有诗情画意和艺术魅力，并引导观赏者对作品进行联想。贴切、含蓄并富有新意的命名对插花作品可以起到画龙点睛的作用，所以给插花作品命名是重要的。不过，现在也有一些现代艺术插花作品不进行命名，能留给观赏者更多的想象空间，感受艺术插花的独特韵味。但对于出售的商品来说，插花作品完成后，最好还是能取一个好听的名字，方便向顾客进行介绍和销售。

开店金锦囊

千万别小看最后一步“命名”。一个成功的花艺作品，如果能再配上一个吸引人的名字，更能锦上添花。好听的名字甚至还能让人在欣赏漂亮的花艺作品时，产生韵味无穷的联想，这也正是鲜花的另一种魅力所在。命名可从使用的花材、想表达的意思等方面着手。

常见花篮插花造型欣赏及制作

虽然花艺作品有千万种，但从造型上来说，大致可以分为以下几种。

1. 半球形

半球形插花就像是初升的太阳，或是半个球体以及建筑的穹顶。选用的花材不同，这类插花作品也会呈现出不同的欣赏效果。通常半球形插花要求丰满、圆滑、花形表面不能凹凸不平。

图 10　半球形花篮

这幅作品的主花是非洲菊，别名也叫扶郎花、太阳菊。花葶长而直立，空心，花色丰富，饱满亮丽。花语是神秘、兴奋，被赋予“喜欢追求丰富人生，不怕艰难困苦，有毅力”的含义。选购时，要花枝粗壮直挺，花盘圆整，没有缺口。

制作步骤如下：

（1）第一枝扶郎花高度为20～30cm，垂直插于中间。其他6枝将圆等分，间隔均匀地插成水平状，花枝角度略向上，整个作品直径为35cm左右。

（2）用紫色勿忘我插于扶郎花构成的三角中间，也可以在底层的扶郎花之间再加，起到丰满造型的作用。

（3）用海桐叶盖住中间的花泥，并在底层的扶郎花之间再加一圈。

（4）最后可以加上金色的天发丝，为整个作品增加亮色。

2. 椭圆形

主花是粉玫瑰，花朵套有网罩，又称网玫。其他配花有紫色勿忘我、黄水晶和巴西铁叶子。

图11　椭圆形花篮

制作步骤如下：

（1）用巴西铁叶打底，先插出椭圆的轮廓线。第一枝粉玫瑰高度为

20cm 左右，垂直插于中间。

（2）在比巴西叶的轮廓短 1～3cm 的位置，椭圆的短边和长边分别水平插入 4 枝玫瑰，其他 4 枝则插在长、短边中间，从而连接出椭圆的弧度线。

（3）在底层的玫瑰和中间的玫瑰所构成的三角中间，可以再加插玫瑰，使侧面弧度看起来更加柔顺。

（4）在长臂的两侧再各加 1 枝玫瑰。

（5）加插巴西叶盖住花泥，加插黄水晶填充空间，加插勿忘我丰满造型。注意，勿忘我和黄水晶要充满整个花面范围。

（6）最后检查并调整一下造型，让椭圆更加丰满和对称。

3. 扇形

示例作品用到的主花是小苍兰和康乃馨。小苍兰，也叫“香雪兰”，花茎细长而坚韧，叶呈剑形，花序顶生呈水平横斜状，形状就像狭长的漏斗。小苍兰的花色丰富，花姿秀丽典雅。其花语是纯洁、天真、清香、舒畅悠然。红色表示艳丽高贵，使人心胸荡漾；鹅黄色代表迷人和令人遐想；白色代表纯洁无瑕，鹅黄与白色相配有金玉生辉之意。

图 12　扇形花篮

制作步骤如下：

(1) 先用5片修剪得比较小的针葵叶子把扇形的骨架搭起来。

(2) 用鲜艳的小苍兰和康乃馨丰满扇形的造型。

(3) 用紫红色小菊填满空间。

(4) 用鱼尾叶衬托花间，并把花泥遮盖好，同时注意侧面梯度的柔顺。

4. L形

示例作品用到的主花是黄金鸟和康乃馨。黄金鸟，也称作小鹤望兰或小鸟，其叶片较软，呈椭圆形，容易失水卷边。花形奇特，就像是金色小鸟，花萼橙黄，花瓣黄绿色，总体花色金黄亮丽，看上去有如小鸟振翅欲飞。黄金鸟的花语是快乐吉祥、欢呼雀跃、富贵接踵而至。购买黄金鸟时，要注意叶片的饱满平整，花色的饱满亮丽，花头不枯焦。搭配的情人草，是一种不凋花，外面的干膜质苞片不会凋谢，花茎多分枝，顶部着生大型圆锥花序，布满密若繁星的干膜质苞片包裹的小花有白色、粉色、淡黄色和紫色等，多见紫色。花语是迷蒙之美。针葵别名“美丽针葵”，茎干粗壮，呈圆柱形，大型羽状复叶，螺旋状围绕在茎干上生长，叶色深绿有光泽，叶背粗糙，叶柄处有小刺，小叶长条状，较柔软，是最常用的插花衬叶之一。

制作步骤如下：

(1) 用5枝黄金鸟插出L形骨架。

(2) 将修剪整齐的针葵叶子陪衬在黄金鸟后面。

(3) 用粉色康乃馨构成焦点花，并起到丰满造型的作用。

(4) 用勿忘我继续丰满整个造型，同时用情人草填充空间。

(5) 把鱼尾叶衬托花间，并遮盖好花泥，注意侧面梯度的柔顺。

本作品为粉红、金黄和紫色的三色等距搭配，总体呈现淡雅的暖色调。拿针葵叶梗做颗爱心，用魔带装饰点亮一下，作品意境更为突出。L形为单面观赏的插花作品，可放在靠墙的矮柜上和茶几上。

图 13 L 形花篮

5. 圆锥形

示例作品的主花为香槟玫瑰，其他配花有紫色勿忘我、黄水晶（满天星）和天冬草。

制作步骤如下：

（1）从 20 枝玫瑰中取出 1 枝最高、最粗的，长度 50 ~ 60cm，或就按枝条原始高度定，垂直插在花泥中央，加几枝长条天冬草，也可以用黄英等花材代替。

（2）第一层玫瑰在花泥基部，与垂直线呈 90°方向，将圆周等分均匀地插入 5 枝玫瑰花，在玫瑰之间水平加插些天冬草，不要超出玫瑰的长度范围。

（3）第二层玫瑰间隔第一层 10 ~ 15cm，比第一层收紧，与垂直线呈 45°角斜插入花泥中。

（4）第三层玫瑰，比第二层收紧，与垂直线呈 30°角插入花泥中。

（5）第四层玫瑰，比第三层收紧，与垂直线呈10°角插入花泥中。

（6）每一层的间隔根据总高度等分，大约10～15cm。玫瑰插完，加插勿忘我，在玫瑰的间隙均匀加入，必须严格按造型插制。

（7）花插完后，加插天冬草，使绿叶衬托花朵和丰满圆锥花型。

（8）最后加插黄水晶或满天星，这些填充花材，能天然干燥，除了底层的能插入花泥，上面的只要点缀装饰在天冬草的缝隙里，靠摩擦固定住，使360°花面弧度都能极为柔顺。

图14　圆锥形花篮

本作品以香槟色、紫色和白色等淡雅的色彩搭配而成，清丽动人。整个造型像是圆锥的树冠上开满了花朵。作品在圣诞节使用也像是一棵圣诞树，悬挂些铃铛、五角星和彩球就更形象了。在家里可以放在长茶几一侧装饰，也可以放在自助餐桌上装饰。平日加水保养，花面适当喷水雾保鲜。

6. 东方直上形

示例作品的主花是黄金鸟，配花是洋桔梗，还有少量情人草。

洋桔梗花朵顶生枝顶，花色有白、紫、粉、浅红、浅黄等，有的还具有斑纹，花瓣质感轻盈，有单瓣与重瓣之分，重瓣丰盛圆满，单瓣姿态清丽，各有特色。切花全年供应，水养期 5 ~ 10 天。花语为不变的爱，在花束包装中使用较多。

制作步骤如下：

（1）在青花瓷的水仙花盘中放入剑山，放在水盘中央或一侧。

（2）取三枝黄金鸟，第一主枝最高，其长度是花盆直径加高度之和的 2.0 ~ 2.5 倍，花枝垂直向后略倾 5°，插在剑山上后方，离边缘 1cm 处。

（3）第二主枝长度是第一主枝的 2/3 左右，花枝离垂直线向左倾 15°，向前倾 5°，插在剑山的左前方，离边缘 1cm 处。

（4）第三主枝长度是第二主枝的 2/3 左右，花枝离垂直线向右倾 15°，插在剑山的右前方，离边缘 1cm。

（5）三大主枝构成不等边的倒三角锥体，各主枝边上加插 1 片经过修剪的黄金鸟叶片，陪衬主枝，使造型更自然优美。后面加插的所有花枝都要插在三主枝在剑山上的三角形范围内，形成起把宜紧、盆面宜清的效果。

（6）两枝黄金鸟作从枝，陪衬烘托各主枝，高度比它所陪衬的主枝短。一枝插在第一主枝右边，向后倾 5° ~ 10°，枝脚插在三角形内，靠近第一主枝。另一枝插在第二主枝右前边，向前倾 5° ~ 10°，枝脚插在三角形内，靠近第二主枝。东方式插花花枝数以 3、5、7……奇数增加，因此本作品以 5 枝花为主。

（7）加插少量洋桔梗和情人草，形成对比色搭配，并丰富层次，增加侧面和后面的观赏效果。

（8）选用修剪成小片的黄金鸟叶片，在作品前面交互插 2 片，叶片与叶片间隔一手掌厚度。在作品后面插一片，3 片叶使作品基盘稳固，完成作品。

（9）最后检查造型，要使作品正前、两侧和后面都有可看性，花枝虽少，要有立体感，三主枝不要搭在一个立面和平面上。插作过程中，要顾及整个造型的上、中、下，以及前、中、后，并以花枝长短、花朵大小及疏密、花色深浅等进行调节，增加层次感。

图 15　东方直上形花篮

本作品以金黄色和紫色为主，为对比色搭配，用色亮丽。水养期达 10 天左右，花枝全部垂直伫立。在家里可以放在矮柜上装饰，确定好放置位置后，就要在花盘里加满水供养鲜花，平日里花面适当喷水雾保鲜。

7. 东方平展形

示例作品的主花是红掌，其中文正式名称是花烛。红掌艳红光亮的部分被称为佛焰苞片，宽大如手掌，表面不平整，其真正的花朵是中间圆柱形的金黄色肉穗状花序，像是蹿起的火焰，因此又名“烛台花”。红掌花型也似美丽的鸟儿，又有了火鹤花、红鹤芋的叫法。佛焰苞片的颜色丰富，还有白色、粉红、绿色、复色等品种。红掌苞片外形如心形，其花语就有火热的心、热烈豪放、心心相印等。其他搭配的花材有白色金鱼草、满天星和绣球松（文松）。

制作步骤如下：

（1）在青花瓷的水仙花盘中放入07或08号大小的剑山，放在水盘右后侧。

（2）取三枝红掌，第一主枝最高，其长度是花盆直径加高度之和的15～2.0倍，花枝离垂直线向左倾80°～85°，插在剑山左面，离边缘1～1.5cm处。

（3）第二主枝长度是第一主枝的2/3左右，花枝离垂直线向右倾70°～75°，向前倾5°～10°，插在剑山的右前方，离边缘1～1.5cm处。

（4）第三主枝长度是第二主枝的2/3左右，花枝离垂直线向右倾15°，向后倾5°～10°，插在剑山右后方，离边缘1～1.5cm处。

（5）三大主枝构成不等边的倒三角锥体，第一和第二主枝边上加插1枝金鱼草，陪衬主枝，使造型更自然优美。

（6）加插少量满天星和绣球松，似水花飞溅和水草荡漾，形成色彩的对比与调和，并丰富层次，增加观赏效果，完成作品。

（7）检查造型，要使作品正前、两侧和后面都有可看性，花枝虽少，要有立体感，三主枝不要搭在一个立面和平面上。插作过程中，要顾及整个造型的上、中、下，以及前、中、后，并以花枝长短、花朵大小及疏密、花色深浅等进行调节，增加层次感。

图16　东方平展形花篮

本作品以红、白、绿色为主，以花和叶为对比色搭配，白色调和，用色亮丽。花枝横展，似火鹤在水面嬉戏。在家里可以放在矮柜上装饰，确定好放置位置后，就要在花盘里加满水供养鲜花，平日里花面适当喷水雾保鲜。水养期达10天左右。

常见花束造型的欣赏与制作

一般来说，一捧包装好的花束由花体、手柄和包装物三部分组成。

最常见的花束制作方法有三种：螺旋法、平行法和交叉法。螺旋法是用得最多的一种方法，多数用于制作球面形花束。将处理好的花材，枝秆留15~20cm左右，宁可留长不可留短，因为花体大小受控于花秆的长度，花秆越长花体越大，展示的空间也越大。将花材按一个方向摆放成螺旋状，不可错位。握紧以防摆好的造型走样。摆好后轻轻托起远观，调整花体的外观，花朵的朝向一定要向前方伸展，花朵之间的间隙是否均匀，焦点花是否处于焦点位置，然后在手握的下方用绳子或胶带把花枝固定（此处一定要牢固），松开手，让花体自然散开。然后将枝秆修剪整齐，将根部用花泥固定保养，然后包装。

平行法的花束制作方法是将处理好的花材平行状态摆放，这种制作方法简洁而不夸张，多用于直线型花束、跃层式花束，不宜作展示角度大的花束。可绑两个以上固定点。

交叉法是将处理好的花材都相交于一点摆放，这种制作方法适用于扇形花束。

1. 倒梯形花束

示例作品使用的花材包括浅紫色紫罗兰、粉色康乃馨和黄水晶等。

制作步骤如下：

（1）拿到花时先要做必要的整理，去掉紫罗兰下部过多的叶片和上端开过盛的花朵，康乃馨下端的叶片也去掉，有病虫害的叶片也去掉，这样可以减轻花束的重量，有利于手把处能形成手握的粗度，养水时浸入水的枝条部分能清爽些，减少发臭。

（2）长形花束多呈单面观赏，将浅紫色的手揉纸和珠光方格纸，上下叠好平放桌面。

（3）花材可平放包装纸上，将1～2枝黄水晶握在左手做底衬，长度50～60cm，加5～7枝紫罗兰，放在最上层，分上下两层排放，加适量黄水晶。

（4）15枝康乃馨分3层排放，花与花之间的间隙要均匀，花朵不能互相重叠，黄水晶加在康乃馨的间隙或外围，不可突出于花朵之上，遮掩花姿，要突出康乃馨主体。花枝从上到下应有层次，在中下部视线焦点处可以放花形端正开放较大的花，最后调整一下花束造型，握把处再加些黄水晶进行软化，方便捆扎，用彩带或胶带扎紧花枝结合点，留10～15cm，剪齐花枝末端。

（5）将衬底的包装纸两边围向握把处的中间，用彩带或胶带固定好；下端包一张大号的紫色塑料纸，可以贮水；花束表面加包1张透明塑料纸，增加光亮感，也可防止水分蒸发，底部对角放置1张手揉纸，两侧向中心处分别打4～5个折，将包装纸收拢于握把处，彩带或胶带扎紧固定，最后打上花球结装饰，完成花束。

不管花束造型是什么样的，都要求保持花束上部花枝舒展自然，下部尤其是握把部分要圆整紧密，才符合要求。尽量避免使各花枝排成扁平状（长花束）或集聚成团（圆花束），显得呆板杂乱，缺乏立体感和匀称的造型。

以冷暖色组合的这款长形花束，紫色系为主调，搭配粉色，文雅动人，以黄水晶打底，紫罗兰和康乃馨分上下两层，群组式的处理使花束不

图 17　倒梯形花束

杂乱，色块鲜明，用浅紫和紫格双层方形纸的平口背衬包装，与鲜黄浅紫红的花球结搭配，整件作品具有文雅别致的魅力。

2. 尾羽形

示例作品的花材是深粉红色香水百合、粉色玫瑰戴安娜、紫色勿忘我和情人草等。包装材料为浅紫色手揉纸 2 张、透明塑料纸 2 张、雪花白纱 1 张、浅紫瓦楞纸 1 张、白圆点紫色宽彩带。

制作步骤如下：

（1）拿到花时先要做必要的整理，去掉玫瑰的叶子和刚刺，只留上面几片好的叶子，香水百合同样处理好叶片，多头百合有开过或压伤的花朵剪掉，这样可以减轻花束的重量，有利于手把处能形成手握的粗度，养水时浸入水的枝条部分能清爽些，减少发臭。

（2）长形花束多呈单面观赏，将浅紫色的手揉纸和透明塑料纸，上下叠好，对角平放桌面。

（3）花材可平放包装纸上，将 1 ~ 2 枝情人草握在左手做底衬，长度 50 ~ 60cm，3 枝百合花呈三角形排列，花苞开小些的百合在上，开大些的往下放，使花束能上轻下重，空隙处加勿忘我、情人草和玫瑰，下端收口处再加百合 1 枝，加情人草、勿忘我和玫瑰丰满整个长花束表面，使弧度柔顺。

（4）最后调整一下花束造型，握把处再加些情人草进行软化，方便捆扎，用彩带或胶带扎紧花枝结合点，留 10 ~ 15cm，剪齐花枝末端。

（5）将衬底的包装纸两边围向握把处的中间，用彩带或胶带固定好；下端包一张透明塑料纸，可以贮水；加一张对折揉成扇形的手揉纸，包在花束末端，表面加包 1 张雪花白纱，增加朦胧感和高档性，剪取 1/2 张瓦楞纸，将它包装并收拢于握把处，彩带或胶带扎紧固定，最后打上少女结装饰，完成花束。

图 18 尾羽形花束

3. 半球形

示例作品的花材是白色 3 头香水百合 1 枝、粉色昆明玫瑰 11 枝和幸福草 1 把。包装材料为亮紫色卷边纸 1 张、透明塑料纸 1 张、银色网眼彩带。

制作步骤如下：

（1）去掉玫瑰的叶子和刚刺，只留上面好的几片叶子，香水百合同样处理好叶片，多头百合有开过或压伤的花朵剪掉，以减轻花束的重量。

（2）将百合和一枝粗大的幸福草握于手中为基础，拿1枝玫瑰，以左上角向右下角倾斜的方式围着百合握于手上，加幸福草一枝，后四枝玫瑰按逆时针方向斜向加入，每枝玫瑰最好配幸福草一枝，完成后形成圆花束的里圈。

（3）剩下的6枝玫瑰，按同样方法，在2枝玫瑰中加1枝，保持花束中间高，四周低，形成半球的圆顶状。固定花花型后，用透明胶带扎紧握把处，留10～15cm的握把长度，剪平花枝末端，可以稳定站立桌面。

（4）包上透明塑料纸，用胶带固定好，再用卷边纸围一圈，用花结固定好，交叉处用订书机固定好。上面的卷边纸外翻成盘子状，基部的卷边纸按压成裙摆状，完成花束。

图19　半球形花束

以冷暖色组合的这款圆花束，粉色系为主调，搭配亮紫色包装纸，温馨雅致，以百合为主，玫瑰和幸福草穿插围绕，花束丰满圆润。通常用于恋人或爱人间的赠送，表现一心一意，百年好合的幸福主题。

保养时，可向花束中间加适量的水，有水在塑料纸储着，花束能更稳定地站立桌面，也就不再需要花瓶了。

丝带花欣赏与制作

丝带也称为缎带，可以编结成各种花样来装饰花束、胸花、花篮或礼品盒等，是礼仪插花中不可缺少的部分。

丝带的种类很多，依原材料质地不同可分为纸质、塑料质和纤维质三大类，每类都有单色的、印花的、条纹的、镶边的、嵌丝的，还有单面带和双面带的区分，可谓琳琅满目，丰富多彩。其中以塑料质地的丝带最为常用，其价格便宜，但受挤压或折叠后易变形；纸质的丝带有一定的韧性并且易于造型，但怕水浸且不太牢固；各种纤维质的丝带非常精致、漂亮，柔韧性好，易造型，但价格较贵，通常用于高档作品中；常见的前卫丝带有纱质、丝质、麻质等，还有琼麻丝和拉菲草的应用也较为广泛。在创作中，主要是根据作品的造型、风格、色调来选配相适宜的丝带花。

丝带为插花作品的装饰提供了丰富的素材，但如果选配不得当，就起不到其应有的作用。所以在选配丝带时要注意以下几点：

（1）保持与被装饰物在色彩、质地、造型上的协调性。

以花束为例，看其使用目的，如果是制作一款喜庆热烈场合的花束，主花是红色的，那么丝带花可以是近似色或对比色，如红色、黄色、粉色等。如果是制作一款温馨浪漫的花束，主花是粉色或是紫色的，那么丝带花可以是粉色系或是浅紫色。如果是丧礼花束，主花是白色的，那丝带花应该选用白色、蓝色、紫色为宜。如果花束主要花材的质地比较细腻、娇嫩、光亮，那么应选用质地较薄、纹理较细的丝质、纱质或尼龙丝带相配；若花材质地、花形较粗厚、硕大，应选配较宽的、质地粗糙些的丝带，如麻类、布类或拉菲草等。

（2）保持与被装饰物在体量上和整体上的均衡、匀称性。

丝带花的长短、宽窄应与所搭配的花束、礼盒、花篮等的体量大小互相协调。如球形或半球形的花束就不宜搭配球形、圆形的丝带花，而应配以横向线状的丝带花，如法国结，有形态上的对比，才能烘托出花束的美丽。

(3) 保持与被装饰物在风格上的一致性。

东方式传统花材的花束如果选配中国结或中国折扇来装饰，则非常和谐优美。浪漫的时尚花束配以纱网包装或琼麻丝、拉菲草作丝带花，会更添浪漫气氛。

1. 花球结

将彩带（缎带）缠绕成一定的形状，作为装饰的一部分，称作花结。花卉和礼品包装中所用的花结主要有花球结、法式结、少女结（双蝶结、8 字结)、重叠结（波浪结、平浪结)、蝴蝶结、五角星结等。

打得好看的花球结呈圆球形，有豪华稳重之美，还可将几个花球结聚集起来成一个大花球，装饰在新婚花车车头，更有花团锦簇的缤纷之感。花球结是目前运用最多的花结之一。

图 20　花球结

制作步骤如下：

(1) 彩带环绕在 4 个手指上，宽度一般为 10cm 左右，以花球大小来确定。环绕圈数为7～8圈，剪去剩余的彩带。如果是2条彩带一起绕，只要绕4圈就可以了。

（2）用剪刀剪去彩带圈两边的4个角，中间留2mm的联结部位。

（3）将两头的2mm聚在一起，用另一中间绕细5cm长的彩带扎紧。即为花球结的飘带，可以根据需要留长些，用于捆扎花束、花篮、礼品上，飘带尾部对折斜剪成燕子尾，可以自然飘垂，也可卷曲，用大拇指压住彩带和剪刀刀背，然后用力拉伸出去，彩带会成美丽的卷发一样。

（4）从左向右、从里往外将彩带圈水平拉出后向前扭转，下一个彩带圈水平拉出后向后扭转，拉完半边再拉另半边，完成后稍加整理成圆形花球。花球结也可以用2～3种颜色的彩带排在一起绕2～4圈就可以，那样花色能变化丰富些，呈五色花球。

2. 法式结

具有欧陆风味的法式结，典雅大方，常见用在礼服上，也是制作花束或包装礼品的基本要件。用高档的花边缎带扎起来更加容易，在胸花配饰中也较多用此结。

制作步骤如下：

（1）先将彩带的一端绕一个圈，当作中心（花心），用大拇指压住中心，其余手指压在外面。以后所有过中心点，必须360°扭转彩带，以求正面都能朝外。

（2）在食指与拇指交叉处扭转彩带正面朝外，绕好第一个圈，彩带过中心点，360°扭转，做第二个圈，两个圈左右各一边，大小对称，形成法式结的第一层。

（3）第二层，将彩带斜成对角线形交叉，上下一组，分别做两组。

（4）最后一层，将彩带像第一层一样，做一道直线圈，比其他圈都长些。

图 21　法式结

（5）彩带尾端预留所需之长度，顺势绕一个大环，固定在手指中心交叉处，用魔带穿过中心，将结和飘带一起全部扎住，松紧适度。

（6）剪开飘带，尾部对折斜剪成燕子尾，为了飘带服帖，可以在反面折成向内的三角固定，飘带自然飘垂，完成法式结。

胸花、头花、腕花欣赏及制作

胸花又名襟花，是一种以植物材料或非植物材料，经人为加工修饰组合的装饰品，主要佩戴在人体的胸前。胸花具有装饰点缀和提示的作用。按照应用场合，又分为婚礼胸花和礼仪胸花。婚礼胸花主要用于婚礼场合。在婚礼上不仅新娘、新郎、伴娘、伴郎的服饰上要佩戴胸花，以寓意比翼双飞的美好愿望，而且参加婚礼的双方父母等家人和有关宾客等均会佩戴胸花。男士胸花一般戴在西装左胸上方口袋处，也可别在衣领转角处；女士则佩戴在胸前。

胸花所用花材可以根据各个组成部分进行划分，胸花与艺术插花一样，是由主花、辅花和配叶三个基本部分组成的：

（1）主花：以块状花、定型花为主，常用的有非洲菊、康乃馨、月季、蝴蝶兰、洋兰、大花蕙兰、马蹄莲、安祖花等。

（2）辅花：以散状花为主，常用的有情人草、满天星、茴香、勿忘我等。

（3）配叶：常用的有高山羊齿、星点木、常春藤、斑春兰叶、文竹、蓬莱松、山茜草等。

胸花的主要配件是指在胸花制作过程中起到支撑、固定等作用的材料，包括将胸花固定在服装上的别针和珠针，固定架，黏合修饰花枝的绿胶布，固定和绑扎花材的绿铁丝，以及金属线、缎带、纱网、仿珍珠等。

一朵完整的胸花，主要包括以下三部分：

（1）花体部分：胸花的主要观赏部位，由1~2朵主花和适量的衬花、衬叶组成。

（2）花柄部分：花体的延伸，具有平衡作用。

（3）装饰部分：位于花体的下部，起烘托和陪衬的作用。装饰材料和品种很多，可以制成各种花结，但体量应与整体协调。

胸花的种类较多，按照胸花的形状分为圆形、三角形、新月形、S形、放射形等，目前应用较广泛的有圆形、新月形和放射性三种。胸花的制作材料，宜选用中小型鲜艳亮丽的花卉，以石斛兰、月季、卡特兰、香石竹、非洲菊等为主花材，再配以少量衬花和轻巧的衬叶。不同的服装配以不同的胸花款式；不同的场合采用不同的花材。胸花在选材上要注意用花宜精不宜多，造型上也不能过大。

通常在制作胸花时，选1~3朵含苞待放的花朵正面中央穿入。金属丝前端微弯，用绿色金属丝自花朵正面中央穿入。金属丝前端微弯，钩住花心，从花梗末端穿出，将金属丝掩埋在花瓣中，再在花朵周围配以满天星、文竹或蓬莱松等衬叶和装饰花，衬叶的面积一般应是主花材的2倍以上。然后把花材的花梗束扎起来，花梗切口处加一含水棉球，再用锡箔纸包裹保湿，最后用彩带扎一个蝴蝶结。蝴蝶结的色彩与主花材的色彩要协调。使用时用别针扣挂固定在胸前即可。

头花也是聚会场合常会用到的一种花，戴在头上，起到装点美化的作用。尤其是在新人结婚的场合，新娘头上的头花往往能让新娘显得更加娇艳，也让婚礼现场更加充满浪漫的气息。

装饰在新人头上的花，主花一般用月季、百合、洋兰、蝴蝶兰，色彩以浅色系为主，如白、粉、黄等。体量大的用1~2朵，体量小的用3~5朵，配花用满天星、情人草、勿忘我等碎花，配叶常用文竹、文松、天门冬等。制作时用绿胶带将花叶通过绿铁丝组合在一起成串状。花、叶组合时忌混用多个品种，即一个花卉品种配一个叶材品种。绿铁丝和花梗忌暴露在外，以免损伤头皮和影响观瞻。头花用发夹或发胶将花叶固定在头发上。

在婚礼、聚会等场合还会时常使用到腕花。腕花可以为手腕增添风情，也为聚会等场合增添一丝柔美和优雅。腕花制作要求类似头花，但主花要用小体量花，制成后的条状花两头要预留弯钩，接合时彼此钩住形成环，便于戴在手腕上。

下篇　准备好了就开始经营吧

筹备了那么久，终于就要打开大门做生意了。眼看着要大喘一口气，在家好好休息一阵。然而一切才仅仅只是开始，决定花店生死存亡的实战时刻将随着店铺开张正式到来。

一家花店经营状况的好坏直接关系到这家花店是可以继续做大，还是越做越小，直至关门。商海浮沉，每个人在走上经营的战场时，就面临着内外夹攻的挑战。外部挑战是整个花店行业的竞争，而内部挑战就是对店主进行店铺管理能力的考验了。

要想经营好一家花店，无非从两个方面入手：一是节流，二是开源。如果能做好这两方面，店铺的经营自然是没问题的。本篇就将从如何节流和开源两方面为各位花店店主们进行分析、提供建议，希望供店主们从中找到灵感，发展出适合自身花店经营的路子来，一步步走向成功。

第七章 经营之节流

说到节流，很多人的第一反应就是省钱。不错，在还没有赚钱的时候，先要学会省钱。省下那些不必要浪费的钱，把钱用在刀刃上，可以更快更好地打开经营的局面，为自己的店铺做好最初的原始积累。

要注意的是，节流一定不要过度。该花的钱还是要花，否则过多地受制于钱，也会让店主施展不开手脚，自然也就无法打开经营的局面。本章将为店主们总结在经营前后各环节可能涉及的节约成本的方法。店主们可在进行这些环节时，参考本章内容，做出对资金的最好安排。

学会降低初期投资资本

如果没有足够的资金，花店是没有办法开起来的。这里就涉及一个筹资问题。降低初期投资资本首先从降低筹资资本开始。除非你有足够多的本金，否则在开花店之前，最好制订一个筹资方案，特别是那些准备开大型花店的人。这样既可以分担自身的风险，也可以从更多更好的渠道筹得足够资金，助力新花店的顺利开张。不过要提醒店主们的一点是，虽然筹资看似是集纳钱财，但筹资本身也需要成本，所以在筹资时，也要注意降低筹资成本的问题。

筹措资金所要付出的成本包括利息成本、筹资的费用等，也包括不确定的风险成本。想要正确地制订一套成功的筹资方案，首先要准确地预估到底需要多少资金，从而为筹资提供定量的依据。有确切的数字在那里，可以克服筹资的盲目性。只有当筹措的资金与实际需要的数目达到平衡，才可以防止因筹资不够而影响经营，或是因筹资过多而降低了筹资的效益，以造成不必要的浪费。

其次，要看清最佳的筹资机会。筹资机会是指有利于创业者筹资因素所构成的筹资环境和时机。筹资的机会随着店铺在时间、地点等各种条件的变化也会发生相应的变化。这时候，店主就要确定花店在什么时机进行筹资才能使筹资成本最小化，扩大筹资的效益。

最后，还要确定通过不同的渠道和方式进行筹资，以使风险最小。筹措资金的渠道和方式绝对不止一种，每一种渠道和方式都有自身的优缺点，其难易程度、资金成本和所承担的风险也是不同的。要综合考量各种筹资的渠道和方式，细心研究各种资金来源的构成，以达成筹资方式的最优组合，降低综合的资金成本。

经过一连串的准备工作，了解了筹措资金的基础，接下来就要考虑开店所需资金的问题了。很多个体经营店铺，以及中小型的企业，常常都会遇到资金缺乏、筹资渠道较窄、可供选择的筹资方式少等种种问题。因此，要在筹资方法上创新，从自身的实际出发，选择最利于自身的筹资方式，最大限度地降低筹资成本。

降低筹资成本，可以利用不同资金来源的成本率在时间、空间、行业间的差别，选取较低的成本资金来源。举个例子，一个花店需要一笔 5 万元的资金。这笔资金的筹措方式可以有不同降低成本的选择。比如，店主可以向银行以指定的月利率（1.09%）进行贷款，也可以向店里的员工集资，年利率为 2.1%，还可以向银行借款，月利率为 1.02%。经过比较，店主选择最后一种方式。对于刚开业还没有什么赢利的花店来说，一定要在资金成本上进行控制，做到把钱花在刀刃上。

降低开业初期的投资还可以从精减人员入手。如果一家花店的店员比顾客还多，那么这间花店就是失败的。再小的花店，都要考虑人员的使用问题。比如很多店主一开始都不雇请店员，大部分的事务自己一个人扛，遇到忙不过来的时候，就临时请朋友或亲人代为帮忙。店主应结合店铺的大小，确定人员的使用。另外，店主要还考虑节省营业费用，保证总利润。

为了配合花店运营的合理化及资金的合理运用，店主要对各项经营费用的节省做到心中有数，针对整体的花店计划来调整。对于花店的种类、花材的价格收集、厂商选定、鲜花促销重点乃至销售方法等各项工作都要安排得当，随时获悉各项采购信息。店主要做到有大局观，从长远考虑店铺的发展，绝不能乱花钱、乱浪费。

开店金锦囊

降低初期开店投资资本可以说是为店铺的经营打下了一个好的基础。这一来为店主直接省下不必要的费用，二来也是对店主管理能力、灵活应变能力、思考能力的初步锻炼。从最开始的筹资，到从各环节降低投资成本，店主可以当作经营前的热身赛，体验一把“下海”的感觉。

人力成本需节省

有人曾经统计过，在花店的日常开支中，人力支出约占总支出的1/3。如果能够在花店的人力成本上进行节省，也可以为花店店主减轻负担，更好地经营花店。其实，对于很多花店来说，只要在管理上稍加优化，就可以节约10%～15%的人力支出成本，甚至更多。不过一定要注意的一点是，节省人力成本绝对不是单纯的裁员减薪。一家只知道想办法裁员的花店是没有什么发展前途的。

在开业之初，如果生意比较清淡，可以在每天花店最闲的时段减少员工的数量，或是适当缩短员工的工作时间，当然也相应地减少他们的薪水。虽然薪水是少了一些，但是员工却有了更多的自由支配时间，不用像很多朝九晚五的上班族一样，即使没事做也要到点才能下班。没准员工们会很享受这样的方式。不过，到底是牵涉到薪酬的生计问题，在采取这样的措施之前，要征求员工的意见。此外，要考虑清楚在哪个时间段减少员工。如果挑错时段，就会造成闲时人员滞留、忙时人手不够的问题。

作为一名管理者，花店店主还要懂得为员工合理设定工作的截止时限。著名的帕金森定律认为，工作会自动地膨胀占满所有可用的时间。意思是说，期限有多久，工作就会拖多久。在大多数情况下，事实也确实如此。如果要求员工在下班前完成任务，那么员工就有可能拖到下班。可是，如果要求员工在下午三点前完成，那么员工也能完得成。当然，这要合理地建基于完成任务所必需的时间内。要想方设法给员工设定有约束力的截止时限。大到几个月的目标，小到几十分钟的小任务，都要有个截止时间。很多花店都在不知不觉地应用帕金森定律。如果产品的销量下降，其他环节的工作节奏就会自然而然地慢下来，每个人的工作量随之减少，但是也会充斥原计划的工作时间。

在销售管理上，一些顾客要求花礼要量身定制，但是对于大多数的顾客来说，还是倾向于购买现成的产品。所以，店主可以预先做好一些款式多样的成品。每周的第一天和第二天，花店的花艺设计就要做一些不同价位的销售样品，余下的时间专门应对那些需要特殊定制的顾客需求，而销售的产品交给插花工来“复制”。而相比花艺师，插花工的薪水要低很多，这样能节省 50% 的时间，也节约人力支出。

除了亲力亲为地进行管理，店主们还可以利用电脑进行管理。电脑可以从以下几个方面节省人力：第一，自动线上订单。订单信息全部由顾客自己填写，节省了到店内员工记录订单的时间和人力；第二，可以成批打印贺卡和条幅；第三，规划配送信息，包括路线、资料等；第四，可以自动生成准确的财务统计。

如果是规模较大的花店，同时有相关的资源，那么可以考虑建立网站。网站是现在非常重要的一个商品和企业宣传平台。很多花店都建立了网站，本意是为了提高知名度，扩大业务等，但其实网站还有另一个功能，就是节省人力成本。因为网站上陈列着花店的产品，顾客可以自己从网上选择填写信息，然后花店直接打印出来，省去了销售人员的推荐工作以及输入订单信息的时间。需要注意的是，在网站上提供给顾客的选择最好不要过于同质化和重复。有些花店在网站上放了成百上千种产品，且同质性很高，甚至有重复的类目，顾客下一个订单非常费时间，效率不高。有时候少一些选择，顾客就能多一分专注，下单效率反而高。

花店另一项重要人力是配送人员。店主们要对配送进行有条理的管理，如果配送管理杂乱无章，那么是非常浪费人力物力的。花店可以依据自身的情况招聘配送人员，比如配送业务稳定的花店，可以固定招聘一批配送人员；不太稳定的花店则可以招聘一些临时配送人员。在配送之前，要充分做好配送规划，比如线路、时间、人员、一条线每天送几次等。对于配送人员，也要有奖励机制。这样能大大节省配送人力，也就节省了配送人力方面的成本。

开店金锦囊

一定要记住，节省人力成本绝对不等于裁员减薪，而是要想办法用其他方式去减轻人力的负担，合理安排人力资源。给员工制定灵活的工作时间，制定良好的奖惩机制，充分利用电脑、网络等手段为自己服务，都可以有效节省人力成本。

优化进货管理

在经营过程中，花店店主们不可忽视的一项工作是对进货进行优化管理。在经营中节约成本的一个重要渠道就是控制进货的成本。店主不能盲目进货，一定要明确需要采购的物品以及每件物品需要的资金。优化进货管理，做到良好的进货成本控制，对于花店的长久经营，特别是初期经营，是十分重要的。

对进货管理进行优化的第一步是能掌握货品的进价。花店的经营需要根据市场行情，确定自己所需货品的进价到底是多少，最忌盲目跟风。现在货品的价格基本都由市场决定，而市场往往瞬息万变，在不同的时间段有不同的价格。如果当前百合花的价格发生了较大的变化，那么就说明百合花在市场上的供需发生了变化。这个变化不仅会影响到产品的进货价格，也会影响产品的销售价格。

不少人在相当一段长的时间内都认为，花店是一个暴利的行业。的确，花卉市场经历过一个暴利的时期，但是随着市场的不断变化，花木业已经从卖方市场转到了买方市场，从刚发展起来的初期暴利时代进入到现在的微利时代。当然，即使是现在，花卉市场的行情也是一直在变化着的。开花店就要密切留意花卉市场的动态和行情，研究花卉进价的起伏定律，才能在经营中掌握花卉销售的主动权。通常一个有经验的店主常常会通过到花卉批发市场实地看价、在网上勤查信息、订阅与花卉相关的行业内专业报纸杂志，以及向资深的同行咨询等途径，了解花卉的价格变动。充分利用这些渠道和方法，及时了解当前的花卉价格，才能顺利掌握进价，不至于在进货这一环节浪费不必要的金钱。同时，也为自己获取更多的利润打好了基础。

优化进货管理的另一个重要方面是要掌握进花材的方法。花店主要经营的产品是花，控制好花的进货是低成本经营中非常重要的一环，所以店主必须熟悉与进货相关的各类信息，减少损耗，以增大营业额。对花材的进货首先要遵循适量原则，进货太少将供应不了顾客的需求，而进货太多又会造成不必要的浪费。店主要根据自己的销售能力来制订进货计划，就算遇到忽然降价的高价花卉，也不能一时冲动大量进货，还是要根据自身的经营情况确定采购花材的档次和种类。其次，采购花材要勤。花店做的是新鲜花卉的生意，最忌一次性大量进货囤货。要想让自己的花店旺起来，采购花材不得不勤。所谓“勤”，就是要勤往市场跑，看看市场上有哪些新货，哪些花受欢迎等。当然也可以优先掌握花市上的价格变化，根据价格信息来决定采购计划的实施。

进货时也要结合市场上的淡季和旺季。在淡季，社会需求量很少，花材上市量大，价格相应也非常低。同时，由于气候等原因使花材难以保存。这个时候，切不可贪图价格便宜而大量进货，相反要更加谨慎，采取多次少量的进货方式。

进货的渠道一般包括花卉批发市场、生产基地以及网络。不过这三个进货渠道都有各自的局限性。比如，直接从批发市场上采购，有可能面临有水分的价格；从生产基地上采购，则花材的品种有局限；从网上订购，又有可能面临付款和信用系数上存在的缺点，而且摸不到真花，无法即时确定花材的质量。所以店主采购花材可以根据自身实际情况，灵活采用三种不同的渠道去采购花材。

总之，在整个进货管理中，最重要的原则始终是根据花店自身的规模和主要经营项目进行采购计划。采购的时候，遵循“必需”“适量”两个原则，从而使经营前的投入减少。除了花材之外，花店也需要采购一些与花店销售相关的消耗物品，包括包装纸、丝带、透明胶等包装材料，还有各种花器、花肥、花药等。这些辅助材料的进货，可以不用着重在价格上，更重要的是其独特性，尤其是包装方面的材料。要知道，一个漂亮的包装有时候甚至比花朵本身更能吸引顾客的注意力。

开店金锦囊

优化进货管理，最重要的一点，说白了是多动脑子，切忌冲动。不能别的店进什么货，自己也跟着进什么货，这样只会让自己的店永远跟在别人后面。冲动更是大忌中的大忌，一定不能因为贪便宜，或是受了花卉卖主的忽悠，脑子一热就大量进货。保持清醒、睿智的头脑基本就能保证对进货管理的优化了。

不断完善财务管理

开花店要会省钱，要会赚钱，还要会管钱。做花店的老板，对自己手中的钱财必须做到心中有数，还要能运用好手上这笔钱，运筹帷幄，把经营搞得有声有色。店主需要了解有关的财务政策以及财务管理的基本法则，使花店形成良性的资金流。

财务管理是有关资金的获得和有效使用的管理工作，是对资金的形成、分配、消耗、补偿进行计划、组织、核算和监察等工作的总称。财务管理的对象是资金的循环和周转，它的内容包括资金管理、成本管理和利润管理。

有效的财务管理要保证自己的店铺持续经营，这就要求能够以收入抵支出。如果收不抵支、经营亏损还不及时调整经营，那可能就难以维持了。花店店主要通过财务管理随时掌握资金情况，使自己的店能长期稳定地生存下去，不能让钱在手里贬值。一个花店要达到这一目标，可以实行现金管理制度、报销制度，妥善管理资金。该花的钱一定要花，不该花的钱就要坚决控制，所有的支出都要由老板把关。如果是经营规模大的花店，还可以建立会计核算制度。

财务管理的另一个重要目的是筹集企业发展所需的资金。开店经营，不能没有长远的发展计划和目标，要不断地向前发展。在竞争日益激烈的今天，停滞就是倒退，只有在发展中才能谋求生存。一个花店要想越做越好，扩大自己店铺所占的市场份额，就得通过有效的财务管理来为花店筹集发展资金。

当然，财务管理的终极目的是获取利润。花店只有获得利润，才能生存，才能发展。通过增加收入、降低有效成本和费用开支，花店才能获得更多的利润。在管理中对获利的分配要安排合理，调整好长远利益和短期利益的关系，要把钱花在“刀刃”上。

对于那些刚刚创立的小规模花店，由于大多不太可能配备专业的出纳和会计，很容易在资金管理上出问题。这时候，店主就要负责合理支配资金、管理资金的问题。这里为各位店主介绍一种简单有效的资金管理方法，我们将其称作“两本存折管账法”。以总投资额 3 万元的花店为例，对这一管账法加以说明。

首先把 3 万元分成两部分，其中 2.5 万元存入 A 折，另外的 0.5 万元存入 B 折。A 折中的 2.5 万元主要用于支付房租、装修费、人员工资等固定费用；B 折中的 0.5 万元用于支付鲜花进货款及其他配套用品的款项。待店铺开张营业后，将每天的营业收入先存入 B 折，存满 0.5 万元后，将多余的款存入 A 折；进货时，从 B 折支出款项，而后通过营业收入补充 B 折至 0.5 万元，多余的钱款再存入 A 折……如此周而复始地循环。除了进货外，其他所有开支都从 A 折进出。那么一年之后，这两本存折就能有效地反映出花店的经营业绩。A 折表现出的是你的利润情况，而 B 折则是你的花店拥有充足流动资金的保障。

尽管开一间小型花店的投入并不是很大，但每天的进货、出货工作却非常烦琐。一旦管理不善，就会发生财务危机。所以，店主一定要做好店铺的财务管理。无论发展是快是慢，规模是大是小，如果能从最基础的工作抓起，对财务管理工作的顺利开展将会有很大的帮助。

在日常经营中，要把基础工作做好，建立相应的表格来做好原始资料的统计，对花卉采购、销售、顾客购买、跟踪服务等全过程进行记载，采取数字和文字相结合的方式来完成。例如，采购记录表格可以设置物品名称、数量、价格、采购时间、地点、供应商、验收人等项目，同时要注明填表人是谁；销售记录表内容包括产品名称、数量、价格、销售时间、销售员；鲜花进出库的记录内容涉及品名、数量、时间、验收人、提货人等。所有的记录应该尽量做到准确无误，损伤、变质、无法出售的产品都应在表格上有所反映。此外，人员变动情况、工资变动、考勤、设备购入、维修、费用支出等都要有记录。在每个月的月底，花店店主要将所有记录仔细整理、分析，进行汇总，为下一步经营做好准备。

另外非常重要的一点是对现金流量的把控。花店有淡、旺季之分，且日常经营都有一个基量。若在经营中遇到一些购买量大的顾客，需要用到几千甚至上万元的货物时，小花店难免要向批发商赊购花材，使花店的财务产生资金空缺，所以店主要控制现金流动。

现金流量的预计与店铺营业的规模有直接的关系。因此，在预计现金流量时必须提前确定自己的业务规模。实际情况可能与预计有很大的出入，但没关系。因为现金流量预计仅仅只是一种预计，只是帮助店主了解未来一段时间内的资金情况而已。需要注意的是，只要生意正常营运，那么就有多种方式改变特定时间的现金流量。只要店主提前知道自己在现金周转问题上面临的实际情况，就可以不至于让自己陷入资金周转不灵的境地。

控制现金流量非常重要。因为如果供应商方面知道花店的财务状况紧张的话，一般就不会再提供商业信用，而且会加大催款的力度，使现金周转雪上加霜。如果出现这种情况，那么哪怕整盘生意的利润再高，规模再大，都有可能关门大吉。

开店金锦囊

花店店主应该有一个账本，用来记录与客户往来的账，即所谓的“流水账”。流水账可以说是最适合店铺管理往来的业务的财务管理方法。它有三个特点：一是不同的客户必须分开，二是采用产品明细带金额的方法记，三是留有足够大的空白，以详细记录当时的情况，以备与客户对账。此外，店主还可以采用电脑财务管理软件进行财务管理。

细致做好经营管理

店铺的经营是头等大事，没有经营，可以说就没有店铺。店铺的经营管理首先包括营业方面的管理，其次还包括对所经营的产品及其可能产生的问题的管理。现在我们就来看看，店主在经营管理方面应该怎么做。

每天开店营业前，店主都要做好各项准备工作，不是把大门一开就是开店了。店主要检查店内工作人员的仪容仪表和店内的环境卫生。另外，还要做到四检查：检查花卉是否完好，是否摆放得有序整齐；检查店内各项设施是否完好，比如照明、装饰等；检查当日所需各类票据是否备好，如小票、发票、收据等；检查当天是否有需要重点展出和推荐的新品，如果有，要摆放在显著的位置，并且注明新品的名字，同时自己要知道其花语、特性、适用场合等。

在营业时，要做到“五要五不要”：“五要”是指要了解当天所有花卉的调价、促销、特卖品等所在位置，方便向顾客推荐和指引；要定时巡视店铺，以便及时了解销售情况，依据实时销售情况决定是否要补货等；要及时清理和更换破损的花器，以及枯萎的花卉；要及时更换价格卡，避免出现货价不一的情况；要热情接待顾客，对顾客提出的问题，要做出专业的解答。“五不要”是指不要躲在花卉后面看书报和杂志，或是做化妆之类的无关事情；不要在有顾客的时候大肆聊天嬉笑；不要无精打采、举止懒散；不要在有顾客的时候吃零食；不要对顾客不理不问。

在营业结束后，要检查店内的照明设备等是否关闭，当天收入的现金是否收好，票据是否整理好。最好能做好当天的营业盘点。

以上是店主在营业方面的管理，这是从比较宏观的经营活动上来说的。经营管理的另一个重要方面是对所经营的产品的管理，即我们通常所听到的货品管理。花店内最主要的货品自然是花材。在花材管理方面，其宗旨是确保每一株鲜花都可以保持在最好的状态。良好的花卉产品可吸引顾客继续光临店铺购买。良好的花卉管理，可以减少不必要的次货产生，保持花卉花材的最高价值。在商业运作上，对花材的售出管理包括次货处理和存货处理两方面。

次货是指因质量问题而导致不能销售的产品，如不新鲜等情况。发现次货，应该立刻移离货架，以免影响花店的形象。对于移开以后的次货，店主可以采取适当的措施，尽量变“次”为“正”。如果花卉已经无法处理，那么建议不要再销售，或者低价销售，但是要标明情况，避免影响店铺声誉。

北京一家花店就辟出了一块区域，专门用来售卖次货，并美其名曰“花之殇”。这块区域售卖一些不太新鲜，或外观有些残破的花卉产品，价格比正常的要低很多。附近的居民，特别是租房子的年轻女性，下班后总爱到店里逛一逛“花之殇”，看看有没有心仪的产品。店主说，这些女孩都是在北京漂着的打工族，经济并不是特别宽裕，打拼也很辛苦，看到这些花其实也有点感同身受，所以往往也比较愿意买。如果有些顾客常来买这些次货，或是一次性买了较多枝，店主还会搭送一份小礼物，或是一张店铺的优惠卡。店主说道，花是美好的东西，如果能给人带去一份美好的祝福和安慰，是开花店最幸福不过的事情了。店主的这份经营理念也让很多女孩即使搬离了这块区域，偶尔也会回来店里看看，而且专往次货区走，这家花店也渐渐有了一个好名声。

对于店铺产生的存货，店主也要好好地加以管理。花卉存货是店铺营运的基础，有效的库存有助于控制铺底费用，提升利润空间。存货处理的关键在于如何应对正常的营业需求并保证及时补货。缺货、短货、品种不全都是不应出现的现象。当然，存货并非越多越好，这牵涉到品种的搭配、商品的畅销与否以及流动资金的规模等多种因素。

对于售出的货品，有时会收到换货的请求。对于换货，店主不能下意识地拒绝，或者生硬地在顾客购买时就表示“一旦售出，概不退换”，这会让顾客有非常不好的体验。对于购买了花卉产品，又回来想要换货的顾客，需要先了解顾客退货的真正原因，尝试在谈话的过程中解决问题。如果顾客还是不能接受，那么就要进行保证成本不会亏损的换货处理。例如，顾客买的是一束玫瑰，但后来发现包装纸的颜色或者花束的整体构造不满意。那么创业者就可以尝试更换包装，或者增添一些不同品种的花来改变花束的整体外观。

如果顾客是想要退货，那么处理就要更加谨慎。因为这将直接影响到刚刚所获得的利润。这时对于原因的追究以及花卉产品本身完整度的确认显得尤为重要。首先，要确定顾客想退货的原因是其自身原因还是花卉产品的原因。其次，要确认花卉产品的完整度，如果出现破损，那么退货方面就要进行一定费用的扣除。总之，要对退货进行灵活管理，但前提是不要伤和气。

开店金锦囊

经营管理最重要的一个原则就是“一切为了更高效、更长远的售出”，即为了获取长久稳定的利润。店主要秉承“和气生财”的原则，与顾客建立良好的关系，营业前、中、后都做好各项工作，灵活管理货品及处理退换货事宜。

环境美化创新管理

如果提供的薪水相差无几，那么你是想去一个乱糟糟的环境工作，还是在一个干净、舒适的环境里工作呢？花店的环境管理是另一个非常重要的管理工作，既包括对花店工作环境的管理，还包括对顾客消费环境的管理，以及对商品陈列环境的管理。

员工是花店的重要资产，无论员工是多还是少，都要对其悉心地照顾和关怀。最实际的关怀除了保证其薪水，就是提供一个舒适、明快的工作环境。好的工作环境可以让花店的员工保持良好的心情，最大限度地发挥积极性、创造性。

顾客消费环境的管理，除了提供舒适的店面环境之外，还指花店可向顾客提供的服务境界，具体包括：橱窗、门框是否明亮、整洁；地板、墙壁是否保持干净；店内的桌椅、货架、货柜、挂钩上是否有灰尘；照明灯具、装饰灯具效果是否明显，是否存在破损及故障；花店形象、标牌、样品等是否整洁、稳定；店内是否放置了其他杂物，影响顾客的购物空间等。

而商品的陈列环境也非常重要。良好的陈列效果有助于提高店铺的形象，增加花店生意以及给顾客留下良好的印象。产品陈列要体现经营的风格、档次、形象，让顾客容易了解花卉的品种、质量、花艺。店主可在店里设定消费区间，比如店面区域用来陈列促销品，中央区域陈列价格为大众所能接受的花卉，内部区域可陈列一些较为昂贵的品种。在陈列顺序上，遵循颜色由浅入深、花卉尺寸由小到大等排列顺序。较为受欢迎的花卉应陈列在最佳位置。另外，花卉陈列应该尽可能铺开，可以给人一种颜色丰富、品种齐全的视觉感受。还有另一块不能忽视的地方，就是橱窗。橱窗是店铺的第一张脸，装扮好它，才能吸引更多的顾客，因此保持橱窗的干净、整齐、亮丽是橱窗管理的重要内容。

在加拿大，有很多花店都会在橱窗布置上力图创新，以吸引顾客的注意力。在一家名为“玫瑰鲜花礼品”的花店，老板就用黑白照片来做橱窗的主角。店老板介绍说，这些照片是从网上下载下来的，然后打印成海报，贴在泡沫上，挂在橱窗里，再在这些照片前面摆放一些色彩明亮的花束，并在橱窗上贴上“让你的生活充满色彩”的条幅，非常吸睛。橱窗每两个月更新一次，但每个星期都会有一些小变化。而另一家花店老板马森则将橱窗称为“通向世界的窗口”，特别在节日的时候，他认为节日橱窗的布置非常重要，任何时候着手设计都不早。有一年，为了准备圣诞节的橱窗，他从九月份就开始着手准备，想象着把它布置成像开满鲜花的山谷。在布置的过程中，又迎来了万圣节、感恩节。在天花板上，他们挂了很多杯子似的挂钩，并在上面挂满了很多金银闪烁的饰品。在交错的灯光下，顾客们抬头一看，那感觉就像是进了天堂一样。

马森对橱窗布置还有自己独到的见解，他认为不应该把价码摆在橱窗内。“有人认为不应该把不准备卖的东西放在橱窗里，我不认同这种说法，因为橱窗的作用就是让顾客停下脚步，进店消费。比起广告，我的橱窗展示收到了更好的效果。”马森说。为了抓住路人们的眼光，马森曾经用过各种各样的玻璃球，也从宜家家居找到了很多形似花朵、五彩缤纷的悬挂灯。橱窗材料不仅仅是放在窗子里的装饰品，更是表达创意的媒介，因此材料要足够大，太小的材料不能吸引人们的眼球。

尽管橱窗是为了展示商品，但是马森却不在里面摆放任何鲜花或植物。因为鲜花绿植容易凋谢枯萎，让人们看到这样一个过程并不是一件好的事情。而且鲜花凋谢在橱窗里也不易于清理，橱窗亮堂干净才是最好的。

贝林达也是一家花店的店主。刚开店的时候，店里的生意并不好。后来，她听从了一位同行前辈的建议，在橱窗布置上精心设计，慢慢地，花店的生意也开始有所好转。“以前，橱窗展示比较具有功利性，只是告诉消费者花卉品种和价格。现在我把它布置得更好，具有人情味，更加贴近人们的生活，比如我会在橱窗里展示消费者如何在家中摆放花卉等。”贝林达说道。

总之，管理好花店从内到外的环境，既能把店铺经营好，也能让自己有一个好心情。心情好，做任何事情也就会更加顺利。寓工作于美的享受之中，这或许就是开花店一个额外的收获吧。

开店金锦囊

对环境的管理除了保持基本的干净、整洁之外，最重要的是要有创新。把环境布置得与众不同，自然就能吸引客源。在布置上有所创新，会让顾客联想到店里的产品也是创新的，与众不同的，从而更愿意掏出自己的钱包，也更能打响花店的知名度。

安全管理不容小觑

店铺生意经营得再好，如果遭遇安全问题，就会给店铺带来损失，甚至诸多辛苦全部付诸东流。所以，店铺的安全管理一定不能忽视。

1. 防盗

节日是花店销售的旺季。店铺在获得销售利润的同时，也有可能遭受莫名的损失。“我们被盗了一束白玫瑰”“我丢了四把百合”“我两部手机没了”……这些都是小偷们给花店店主送的“礼物”。在节日期间被盗的花店总是不在少数，虽然大多是被“顺”走几束花、几个礼品等小物品，损失不是很大，但却是让人很烦心的事。那么如何防止屡禁不止的被盗事件呢？首先，在装修店面时，若安装玻璃门，应尽量采用夹层防盗玻璃；窗户安装卷闸，加强保护；后门通常较为隐蔽，盗窃分子容易下手，因此后门要坚固稳妥，最好选用钢结构门，门内上下装门栓；装上防盗夹心梗锁；加固门窗、财务室、仓库的防盗设施，有条件的可安装防盗报警系统。

其次，在营业的过程中一定要树立防范意识。店主和店员要注意进入店铺人员的面部表情。正常的顾客进店后，关注的是店铺经营的商品，而非正常顾客就会左顾右盼，根本不关注商品。在上午刚开店、晚上快关门时，要特别注意，因为这两个时间段店员主要在打扫卫生、盘点货物，对顾客的注意力不是很强，正是小偷下手的好机会。

另外，还有一点要注意的就是，小偷很喜欢选店内只有一个人经营的时候作案。他们会两个人一起进店，其中一个和店主谈价钱分散店主的注意力，另一个假装在店内看商品，趁店主不注意时顺手将花束或者贵重物品拿走。如果店铺位于繁华地段，客流较大时更应加强防范，因为这时稍不留心就容易被盗。

晚上停业时，要反复检查防盗的门窗是否关好。贵重物品和现金不要放在店铺过夜，如果必须要将现金放在店内，最好置于保险箱内。夜晚尽量保持电灯常明，这样不仅可以发挥有效的阻吓作用，还能让巡警看清店内情况。

2. 防火

火灾的惨痛教训太多了，这里就不一一列举。店主们要随时了解气象预报，了解附近地势及排水道设施；平常应维护好建筑物天花板、门窗等，对漏水进行修整；还要定期检查插座、插头的绝缘体是否脱落损坏，店内要置放灭火器；店内严禁吸烟，如果有顾客吸烟，应礼貌地劝阻。这既可以防止火灾的发生，也是营造店内温馨美好的环境。

3. 防骗

无所不在的骗子自然不会放过越来越红火的花店业。一位深圳的店主讲述了其差点被骗的经历。

情人节当天，这位店主接到电话，对方称区委搞庆典，问花店是否承接此项业务。由于情人节当天工作很忙，因此，双方相约第二天再细谈。第二天，两人顺利取得联系，对方称庆典活动所需要的舞台、拱门、皇家礼炮、灯光、音响等所有项目均由花店负责，如果能接就给个报价。店主随后报了 10 万元的价格。对方听后一口答应，不过提出花店要先购买他们指定的手风琴 4 个，每个 5000 元，用网银支付。此时，店家发觉事有蹊跷，便求助朋友，朋友也认为是遇到了骗子，并坚信卖手风琴的人会很快出现。由于警惕性较高，店家最终没有接这单生意。

类似的案例也曾在其他地区上演过，其行骗方式不过是两人演了个双簧。甲进入花店，说是要办一个户外婚礼，现场要搭建花篷、花柱、气球门等，所有项目均由花店承办。此时乙扮成厂家销售人员来推销帐篷，甲当即表示婚礼现场正好需要其中的某一款式。于是乙就顺势说此款帐篷本来要 2.5 万元，如果马上预订就按 2 万元支付即可。甲当即表示可以从花店这里以 2.5 万元的价格一并订购，图个省事，然后花店在其他项目上给些优惠就行。花店老板盘算仅帐篷就能有 5000 元的差价，很是划算，于是没有多想就支付了 1 万元帐篷预订款。当甲乙二人离开后，店主恍然大悟，再打电话为时已晚，骗子就此消失。

其实，这样的行骗伎俩并不高明，骗子无非是利用店家急于接单赚钱的心理，先以大单作为诱饵，然后拿花店不常用的帐篷、音响、架子鼓之类的作为幌子，两人相互配合说得天花乱坠，扰乱店主的思路，使其盲目轻信，以便得手。尽管伎俩老套，但是往往使受骗人深信不疑。因此，花店从业者要增强自我保护意识，面对利益诱惑时一定要保持清醒的头脑，不要中了骗子的圈套才好。

开店金锦囊

安全管理，提高自我防范意识很重要。有了安全意识，时刻提防盗窃、骗子，做好火灾预防工作，就可以让店铺安稳长久地经营下去，免去无妄之灾。但也要切记，不要过于警惕，把普通的顾客也当成贼来看，成天提心吊胆，担心来担心去，这样做生意就没有太大意思了。

第八章　经营之开源——日常经营

一年有365天，节日毕竟还是少数。因此，做好日常经营，是花店维持长久的不二法门。没有一家花店可以依靠每年只做节日的生意为生，真正聪明的店主知道如何从日常经营中积累客源，获取利润，为节日消费的高峰做好最充足的准备。

日常经营涉及方方面面，特别是店主要亲力亲为地去做很多事情，尤其是在刚开业的时候。本章将告诉店主们如何做好日常经营，在平常的日子里不断提升店铺形象，为店铺招揽更多的客源。即使在平常的日子，甚至是在花店销售的淡季，店铺都可以维持住可观的利润，真正从日常经营中赚更多的钱。

店主要亲力亲为

当创业梦想真的实现，一切才刚刚开始。花店店主如果认为把店开起来了，自己就可以功成身退，那就大错特错了。花店能不能顺利站稳脚跟，一步步正常经营起来，关键在于花店初期所付出的努力。作为一店之主，花店店主必须要亲力亲为，确保每一个环节都做到位。

一个花店经营者，如果能够将自己的经营理念贯穿到日常经营的各个方面，把握每一个商机，并从技术方面及基础工作方面扎扎实实地提高自身经营能力，那么花店就会立于不败之地。

所谓经营理念，就是经营者对经营思想、经营方法进行概括性的加工，提炼成自己在经营时必须遵循的一种行为准则。有了正确的经营理念，就可以正确支配经营行为，形成正确的经营目标，对于店铺长期稳步的发展大有裨益。不可否认，做生意大多是以赚钱为目的的。当然，赚钱的方法有很多，有些人的方法偏激甚至错误，而更多人则是用公正、正当的手段去获取财富。花店店主不能急于一时，用一些旁门左道的方法，而要靠产品本身的质量和信誉去赚钱，靠不断推陈出新的营销手法去赚钱。

在日常经营中，最重要的是要了解花店本身的“核心竞争力”是什么，或者说要如何打造自身店铺的“核心竞争力”。美国著名的管理学者普拉哈德和哈默尔提出“核心竞争力”一说，他们认为，“核心竞争力”有三个基本特征，分别是帮助企业进入多样化市场，对最终产品中顾客重视的价值做出关键的贡献，以及竞争对手难以模仿。一个花店，也要明白自身的核心竞争力所在，并将其体现在日常经营中。那么，如何找到并打造出自己的核心竞争力呢?

首先，无论再大的花店都不可能做全市场上的所有品种，所以要“进入多样化市场”基本上是不可能实现的。其次，除了一些大型的工程之外，普通顾客要的仅仅是一个能令他们感到满意的产品。他们不太会在乎这个产品来自哪里，这对他们来说并不是最重要的事。最后，只通过产品本身而独领风骚也不是一件容易的事。相同品质的花卉本身并无差异，在大多数情况下，顾客可以在至少两家以上的店买到几乎相差无几的产品。核心竞争力很多时候建立于花店的服务之上。与其说，花店日常经营的是花朵等产品，不如说经营的是花店把花卖给顾客时所能提供的服务。

服务可以影响顾客的忠诚度。优质的服务打造优质的品牌，而优质的品牌带来顾客的忠诚度，而顾客的忠诚又会进一步提升服务，这是一个非常好的循环。通过服务，花店与顾客之间会建立起一种团队式的关系。顾客愿意光顾花店，很大一部分原因是信赖他们能在此获得良好的服务，获得尊重，买到心仪的产品。这种根植于顾客心中的忠诚，就是花店最持久、最稳固的核心竞争力。

店主认识到核心竞争力并采取措施打造核心竞争力，可以说为花店正常的日常经营开了一个非常好的头，接下来在实践操作的各个步骤环节，店主依然要打醒十二分的精神。比如，各种花卖得怎么样，每次进了多少货，花了多少钱等，店主都应该用笔记录下来。甚至关了店之后可以对这些数据进行分析，看看需不需要调整进货的品种、数量等。店主最好能培养出写工作日志的习惯，对每天的进货价格、来源、质量和天气情况的联系总结出来。要知道，天气情况是与鲜花的供货量与价格息息相关的，掌握好其中的联系可以帮助花店更好地经营。

有人曾经把鲜花形容成一只绿色股票，涨跌让人捉摸不透。这不是没有道理的。如果遇到不良的花商，把从冷库里取出来的花当成上好的花材卖给你，当时看着漂亮，但日后这花是再也不能开放了。这时就要把花商的信息记录下来，果断地与这样的供货商断绝来往。同时，店主要记住各种节日，因为节日是鲜花销售的集中高峰期。各种花的花语、象征意义等也要烂熟于心，这样才能对顾客做到有问必答，为顾客挑选出能让其满意的花。这也是店主专业度的一个体现。

吃苦耐劳是开好一家花店的根本。只凭一时的冲动把店开起来，却没有坚持做下去的勇气和能力，只想着雇个人来为自己打工就能坐享其成，基本上是行不通的。创业的花店店主一定要做到亲力亲为，凡事多问多接触，毕竟这是在为自己打工，更应该做好它。

开店金锦囊

店主的亲力亲为并不是说要事无巨细地去做所有的事情，而是要有重点地去做事，并且懂得指派员工去做事。一个成功的老板，必须要在管理上亲力亲为，在具体的事务上坐镇，从宏观上确定店铺的经营理念，打造店铺核心竞争力，并将理念和竞争力传递给员工和顾客，这才是最高层次的亲力亲为。

采购是日常经营的根本

花店的主要经营业务就是卖花，在花店的日常经营中，采购花材可以说是根本。原因很简单，没有采购，何来花卖？花材是花店经营的根本，也是获取利润的源头。想要为自己的花店赚取更大的利润，就要把握好花材的采购。

前面已经提到了如何确定进货的渠道以及如何从宏观上进行采购管理，这一节将重点为店主们解析具体采购中会遇到的问题以及应对办法。

相对于供货商，花店就是消费者，会遇到所有消费者担心的问题，那就是买到劣质的产品。店主必须心明眼亮，保证花店的利益不受损害。

首先，对于常年供货合同要慎签。一些店主看重独家产品和优质产品，一旦找到了令自己满意的产品，在激动的心情之下，就会很容易与对方签订常年供货合同。这就会出现一个问题。大部分供货商自然都能在淡季保证供货，但这时市场上也会有更加丰富便宜的花材供选择，但由于签了常年供货合同，店主也就不能有更大的选择权，只能忍受供货商的高质高价，期待着旺季来临时能出奇制胜，大赚一笔。然而，到了旺季花店需要进好花的时候，个别供货商又会出现供不应求的情况，更有甚者，为了保障自身大部分的利益，供货商选择牺牲一些中小型花店的利益，只重视自己的大客户。这无疑会让中小型花店蒙受较大的损失。

由于供货商故意违约的证据很难抓到，又签了常年供货合同，店主也只能忍气吞声，而且从长远的合作考虑不想与对方的关系恶化。为了防止这种情况出现，店主平时不妨多认识一些供货商，但在真正需要进好花的时候才与对方进行交易。

其次，店主要有一双识花的慧眼。当前花市上，优质花材与劣质花材常会出现鱼目混珠、参差不齐的情况，不小心买到劣质的花材，那注定就要损失利润了。“夹条”是花市上非常常见的现象，它指的是在一扎花中间夹上一两枝枝条特别短的花，甚至是把已经掉了的花头再用牙签穿在枝条上，特别是像扶郎、玫瑰这样的花，常会发生这种现象。这是供货商在采摘或者运输过程中不小心损坏了花，却想把损失移嫁到花店身上而用的手段。所以店主在花价不菲、时间又允许的情况下，最好能从根部数枝条，与花头数对照，常常就能识穿供货商的诡计，避免遭受不必要的损失。

买的花不够新鲜也是让花店店主们比较头疼的事情。在鲜花旺季来临之前，供货商知道花价定会上涨，于是就会将新采摘的鲜花放入冷库中囤积居奇。而冷冻过的鲜花，花期较短，颜色易变淡，不耐久放。识别冷库花，可以靠一双慧眼仔细观察。比如，冷库花的花蕊（尤其是康乃馨的花蕊）中会有较明显的水珠，而冷冻过的玫瑰则会烂瓣。另外，用手试着捏一捏花头，如果感觉不饱满，硬度差，就有可能是久放的鲜花。

最后，店主要懂得上保险。鲜花在运输过程中也存在着风险，特别是火车或飞机到站后，短途运输的提货很容易出问题，比如漏提货或是拿错货。如果花店与运输方签订的合同不够正规，出了问题就很难追究对方的责任，有损失也只能自己默默地承担。如果日常经营中屡次遇到这样的情况，长此下去也会对花店造成不小的损失。其实店主可以为货品上保险。无论采取哪一种运输形式，都可以找到它的托运部办理保险，其费用为保价的千分之几。与可能承担的损失相较，这实在是少了不少钱。

在规避采购花材中可能会遇到的风险后，接下来就要考虑采购的进价了。对于刚入行不久的花店店主们来说，要做好花的价格记录，随时掌握花价信息，研究市场花价起伏规律，从而掌握销售的主动权，这样才能在日常经营中获得尽可能多的利润。

总之，店主在采购花材时，要根据自身店铺的规模，以及主要经营项目来制订采购计划。采购的最大原则是：够用且必需。店主采购花材要适量，根据自己的销售能力制订采购计划，不能依个人喜好进行采购，一定要根据经营情况确定采购的花材的档次和种类。采购花材也要勤，多跑跑市场，及时了解花材价格的变化，根据价格信息来决定采购计划的实施。

除了花材之外，花店的日常经营也会用到其他一些东西。店主还需要购置一些与花店销售经营相关的消耗物品，包括各种不同类型的包装材料，如包装纸、丝带、透明胶等，以及各种花器、花肥、花药。

开店金锦囊

花店店主进行货品的采购，最重要的是进行身份的转换。先不要想着买到货之后如何卖出去，而是要想着身为一个消费者，如何为自己买到合适的货品。要以一个消费者的身份去与供货商沟通，为自己争取最大的权益，同时慎防掉入供货商的陷阱之中。

做好产品的定价

花店日常经营的另一个重要事项是给店里的每一项产品进行定价。花店利润能得到多少，与店主对自身产品的定价有莫大的关系。店主需要定价的产品包括店里出售的各项东西，不仅包括花材，还包括花艺作品、绿植、辅料等。

给产品定价的一个重要原则是：在不亏本的前提下，制定有信誉度的价格。“花”的价格信誉度是指价格的相对稳定性和可接受性。如果定的价格太高，会让顾客觉得难以承受，影响花材的销售，造成滞销；而如果定的价格太低，那么就会直接影响花店的收益。店主作为一个商人，除非有特殊目的，比如做公益，或是为了打造品牌，积累顾客，偶尔在价格上做出一些让利是允许的，但日常经营中如果把定价定在成本价之下，那么多开一天店就损失更多一些，万万不可。

价格的信誉度建立在市场的控制之下，对于店主来说，从事花店的经营必须讲求信誉，这是一条非常重要的经营准则，而定价就是“讲信誉”的开始。为什么这么说呢？试想，如果店主对产品胡乱定价，甚至因人定价，一日多价，那么顾客一定会觉得这家花店太过随便，自然不愿意光顾。虽然价格可以留出一定的幅度让顾客谈，而且受淡季、旺季的影响，花店里的产品价格也无法太固定，但在日常经营中的一段较长时期内，定价一定要趋于稳定，才能留住顾客。

花店里的产品大抵包括四类，即花材本身、花艺作品、绿植，以及花器和其他辅料。对于花材本身的定价其实比较简单，在批发价格的基础上，按照预期的利润值进行定价即可。对于花艺作品的定价则相对要复杂些，因为花艺作品除了原材料的成本之外，还有人力成本和其他成本，特别是人力成本不好量化。在制定花艺作品的价格时，可以分步计算：首先把花材本身的价格定下来，其次再算一算花泥、包装纸等辅料的价格，再次把人力成本算上，最后再加上预期利润的价值，就可以定出花艺作品的价格。而对于现在比较受欢迎的绿植产品，即盆栽花等，则还要考虑其所占用空间和时间的成本，因为盆栽花的销售周期通常较长，占用空间较大，也需要花费时间和精力去养护，这些都应该计算到成本中去。花器通常包括花盆、花篮等，辅料指花泥、包装纸、丝带等，这些东西在销售过程中消耗较小，定价要趋于稳定。不过要注意的是，在定价花器及辅料时，要考虑到运输费、库存费、店租费、人工费等其他因素。

随着新鲜程度的降低，以及市场上供求的变化，鲜花的价值时常发生变化，到最后甚至一文不值，所以鲜花的价格经常浮动。至于花艺作品，更是仁者见仁、智者见智，很难用一口价去定死价格。而且有些顾客喜欢讨价还价，认为还下来的价钱就跟赚到了一样。而花店经营者有时会被讨价还价弄得很累，特别是如果有其他顾客的话，纠缠于跟另一位顾客讨价还价显然也有损形象。所以有些花店店主选择明码标价出售鲜花。这也未尝不是一个办法。有的店主实行明码标价，每次标完价后就可以“清静”几天。

在上海有一家花店，在商品定价方面，做得十分彻底。店主除了在情人节那天会对商品进行调价之外，其余时候商品的价格全年都一样。这种方法被称作“鲜花价格全年恒定法”。店老板开花店十几年了，也是深受花价善变之累。有一次他突发奇想，花店已经经营了一段时间，固定客户群占了客户中的绝大多数，他们一年的消费量相当稳定，而自己对一年的花价形势也已了如指掌，为何不干脆为鲜花定个全年统一价？一年平均下来，双方的利益都不会受太大影响，而花店的工作量就减少多了。

店老板是个敢想而又精明谨慎的人，为了实践自己的想法，他先从礼仪性花篮、花束开始尝试。他为每一枝花估算了全年的一个平均价，然后以不同的用花品种、数量、花艺形式，推出了不同档次的礼仪用花作品。在定价上，店老板把价格的最后一个数都改成“8”，图吉利之意。由于花艺作品本身价格弹性大，顾客看他的作品漂亮，档次多样，也并不计较单枝花价是否和市面上不同，对这些作品都能欣然接受。一个意外的收获是，恒定的价格容易取信于人，一些机关单位基于财务预算上的透明便利考虑，纷纷在年初和花店签了一年的用花合同。

当年夏天，店老板顺势将单枝鲜花的价格也固定了下来。夏季鲜花价格处于最低谷，花店制定的“均价”自然是大大高于市面价，这似乎是在自寻死路。但是店老板认为，这一关无论怎样都得过。单枝花的营业额下降了半年后，旺季一来，花价普遍上升，而店里的花价确实没变，经历了这一轮回，花店牢牢地抓住了顾客的心。

过了两年，形势正如店老板预期的那样，花店在店面接待上的工作量大大减少，省下的时间，员工们接受了更多的花艺培训。同时，花店的账目管理局面也焕然一新，原先每次进花都要分别记账，现在只要记住进花数量，在年初和年底算一次总账，就可以清楚地看到花店的成本和利润了。

对花店新的经营局面，店老板相当满意。当初固然并不致力于赢利，但花店的营业额在两年中持续增长。

明码标价出售产品使花店保证只出售进货后两天以内的花材，两天后卖不出去的都要处理掉。大的花艺作品也要保证两三天就要更换一次。这样，在保证了鲜花质量的前提下，每天公布鲜花的进价和零售价并公布店主的计算方式，既让自己和顾客都一清二楚，也是对顾客的一种服务，节省了大家的时间。这种计价方法基本与国际接轨。实行明码标价后，花店店主就可以省心不少，也可以避免很多不必要的纠纷。

开店金锦囊

说到底，定价是一件十分灵活的事情。店主最重要的还是要根据自身店铺的规模、进货价格、自身花艺作品水准，以及店铺定位等多项因素进行产品定价。可以考虑“单一定价法”，但这也并不是金科玉律必须遵守，还是按照实际情况来最为科学。

积累最大客源量

花店的日常经营中，对客户的管理至关重用。套用一句用烂了的话：顾客就是上帝。花店需要有客户，才能有利润。可以说，顾客是花店的衣食父母。店主必须在日常经营中，尽可能地为自己积累最大的客源量，培养固定客户，这样才可以保证店铺长久地赚钱。

在当前商业竞争社会环境下，顾客有更多的信息来源，也有更多的选择机会，同时对个性化商品或服务的需求越来越明显。更重要的是，花店顾客具有随时随地、因地制宜、就近方便的购买特征，因而导致花店客户的忠诚度是很低的。因此花店导入现代企业的一些客户管理理念和方法，尽可能地稳定客源，提高客户的忠诚度十分重要。可以说，要想为店铺积累最大客源量，就要进行科学的客户管理。

所谓“花店客户管理”是借由积极深化与客户的关系，以掌握客户的信息，同时利用此信息量身定制不同的商业模式和策略，以满足客户的个性化需求。良好有效的客户关系管理，有利于花店与客户建立更长久的双向关系，并获取客户忠诚。客户忠诚将使客户更容易挽留，每次或每年购买的产品更多，愿意买更高价值或花店新推的商品，降低客户推广成本，并由此顾客满意因而愿意介绍新顾客。

首先，要建立客户资料数据库，这是进行花店客户管理的基础。每个人都有一个朋友圈子。从开店之日起，店主可以将自己所有的朋友都纳入客户范围，将他们的资料输入你的客户资料数据库。而在店铺周围的企事业单位或社会团体，可以通过有针对性的电话沟通或登门拜访，或者通过人际资源和负责办公室事务的人取得联系，将其纳入你的客户资料库。对于那些上门客户，可以通过一些有意识的交谈，尽可能多地得到客户信息，或者在给对方自己花店的名片时，也可以很自然地得到对方的名片或基本信息等。一回生二回熟，多打了几次交道，就会掌握一些基本情况，比如姓氏、联系方式、买花主要是做什么等一些消费习惯，慢慢地把他们充实到客户资料数据库中。

如果有电话上门要求代为送花的，可以将订花人姓名、电话、订花用途记录在案。同时收花人姓名、地址、电话、纪念日等信息也就自然掌握了，收花人也是有可能成为自己的准客户的。网络异地订单的订花人、收花人资料在订单中都有体现，也需进入客户数据库。

有的花店经营者经营花店十多年，从来就没有从这方面去开发过。顾客来了就来了，走了就走了，没有留下任何信息。甚至还有的店主骄傲自大，觉得顾客爱来不来，从来就没有想过主动去挖掘潜力，创造更好的业绩。这样的花店是不可能做大，不可能赚很多的钱的。

建立客户资料数据库是一件需要日积月累、比较烦锁的事情。店主可以引进一些专业的电脑管理软件，对客户信息进行管理。要注意的是，客户资料数据库的建立和使用要建立在严格保密客户隐私的基础上，任何时候都不能利用客户资料做对客户有害和令顾客反感的事情。

在花店客户管理中，如何处理客户的抱怨或投诉是一个很重要的环节。这需要店主和花店员工首先树立面对客户抱怨或投诉的正确心态，面对客户抱怨或投诉不回避，要感受、分担客户的担心和焦虑，以询问的方式请教客户，找出问题症结，并确认客户处理期望，提出解决方案，从而得到客户的认可。

情人节过后，当大多数花店都急于统计花店的节日收益时，苏州的一家花店则忙着电话回访。花店员工用 3 天时间对情人节期间的 300 多位顾客逐一进行回访，从而收集顾客对于花店在大宗节日销售时的意见与建议。令人意想不到的是，此次回访不仅收获了有用的第一手材料，回访本身也受到了众多顾客的好评。

为了顺利回访，花店特意辟出一条电话专线，由负责人员根据事先列出的回访单逐一询问，回访内容涉及花材品质、色彩搭配、配送服务、客服态度等方方面面。一旦顾客对上述内容提出疑问或投诉，负责人员便针对情况进行解答，并如实记录反馈信息和意见。尽管这是首次进行电话回访，店主仍对回访结果表示满意。“这是一次成功的沟通，只有主动与顾客联系，让顾客感受到花店对服务的重视，才能第一时间了解顾客的想法与感受，促进花店的下一步发展。”

对于回访的反馈信息，花店进行了细致的分类，将顾客满意与不满意的选项一一列出，然后逐个分析顾客不满意的原因，从而寻求解决办法。此外，还针对产品进行了顾客满意度调查，寻找最受欢迎的情人节花礼产品。结果显示，80% 的收益来自 20% 的商品。花店对顾客在回访中的意见和信息也都进行了记录整理，为下一次服务奠定了基础。店主认为，个人信息的建立有助于花店更好地判断顾客喜好，从而将一次性生意发展成长久合作，提升顾客对品牌的信任与依赖。

通过这次电话回访，花店对自身的顾客群体又有了全新的认识，同时也找出了花店在某些细节服务方面的不足。

当花店发展到拥有一定的规模和客户量时，实行会员制是促进花店升级的有效方法。广泛地吸收会员，让会员持卡消费享受积分，根据积分高低有不同程度的折扣，这是稳定客户量的重要方法之一。

会员制的核心内容除了提供折扣等优惠，还在于提供精细化的配套服务。比如，每逢会员生日，距离较近的送上一束鲜花，距离远的就发短信祝福。对 VIP 客户甚至可以考虑在客户允许下，登门进行花艺布置。花店可将会员的消费记录存档，每年同一时间发短信提醒消费者，询问是否需要再次消费，这在节假日或者会员的亲朋好友生日时会有很大帮助。花店对一些大客户还可以提供一定额度的欠款消费或者定期结账的服务。此外，组织会员活动，将会员和花店之间单纯的商业关系上升到文化交流层面，也能使花店获益良多。

会员资料是一种无形资产，蕴藏着无限商机。店主需要高效、有针对性地使用这些资料，为自己积累最大的客源量，提升店铺效益。

开店金锦囊

牢记“二八定律”，即80%的利润来自20%的客户。有效的客户管理就是要想办法牢牢抓住创造这大部分利润的20%的客户。建立客户资料数据库可以筛选出这部分客户，而会员制度的实行可以有效抓住这部分客户。双管齐下，可为店铺积累最大的客源量。

提高花店经营品位

鲜花本身就是美丽的事物，经营花店没有品位万万不可。当鲜花的香味让人心旷神怡，吸引人不由自主地跨进店内，却看到一番脏乱的景象，不仅大杀风景，更重要的是让人马上想要离开。每个光顾花店的顾客几乎都是心怀美好的想法，若被店里的环境破坏，自然就会想走。所以说，开花店不怕店小，就怕脏乱。提升花店的经营品位首先要美化花店本身的环境，给顾客留下一个良好的印象。

营造良好的花店环境，首先，要确保店里要干净、整洁，各项物品摆放有序，让人一目了然。灰尘自然是越少越好。同时要注意给顾客留出足够的选购空间，切忌太过逼仄，容易让人产生压抑感。其次，店里工作人员的服装要整洁，要知道，店主和店员是花店的活招牌，一个够甜美、够亲和的店员更容易留住顾客。最后，用一些小细节表示对顾客的欢迎，送出适时的温馨。比如，当顾客一迈进店门，就说一声“欢迎光临”，并亲切地询问是否需要帮助。因为很多顾客想送花或买花，却不一定了解自己具体要买的产品是哪一种，这时就需要店内工作人员热情耐心地提供引导和帮助。如果花店内设有休息区，那么可以为顾客送上一杯温水，将体贴做得更加到位。这些其实并不花多少成本，却对留住顾客、提升花店自身的品位非常有用。

花店最好能打造出一定的品位。一般而言，花店应典雅清新，室内的装饰和物品摆放要有一定的文化寓意，比如可以借助名人的字画渲染文化氛围。其他的一些装饰品也要与花卉相互辉映，错落有致地搭配，要集艺术性和知识性于一身，切忌随意乱放。据调查显示，有一定文化品位的花店更容易让人产生深刻印象，自然也更能留住回头客。

马莉从英国毕业回来后，在家乡桂林开了间花店。店铺开在当地一所大学附近，面积不大，却渐渐吸引了越来越多的人来光顾，其中大多自然是学校里的大学生。由于马莉的英国留学背景，跟大学生很容易打成一片，再加上马莉在店里开辟了一小块空间，摆了些桌子和椅子，同时摆放了一些花卉知识方面的书籍，还有一些店里的花艺作品。平常时间，三三两两的大学生来到这儿，看看花，翻翻书，跟马莉聊聊天，听听她讲国外留学的趣事，顺便也就会买几枝花或几盆绿植回去，装点自己的寝室。而一些学生情侣，也很喜欢来到这儿，甚至把这儿当成了谈恋爱的其中一个地点。原因就是马莉的花店给人很舒服的感觉，来到这里似乎就能在花香中闻到爱情的味道。走的时候，男生为女人买些花或花艺作品也就是常事了。

渐渐地，马莉的花店在大学校园里声名鹊起，大学生们没什么事就会来店里逛逛，这也为马莉的店积累了不少的人气。附近的居民也知道了有一家很受欢迎的花店，甚至在整个桂林市，很多年轻人都知道了马莉的店。地方电视台闻讯，派了记者来采访，以“有品位的花店”为主题，在电视上做了播出。这样一来，更多的人知道了马莉的花店。马莉的生意自然就越来越好了。

提高花店的经营品位很重要的另一方面是经营者要为顾客做好参谋，帮助顾客了解鲜花知识，并为购买提出合适的建议。人们爱花养花，买花赠花，但鲜少有人真正对花的习性、养护方法以及花所代表的意思了解得很清楚。但作为一个花店的经营者，必须具备专业的素养，为顾客提供专业的指导。比如，顾客要买盆花，如果能准确地把它的科、属、种、产地、适应的环境、可能发生的病虫害，以及如何养护等都能如数家珍，在顾客需要的时候一一告知，那么顾客自然会觉得这是一间有品位的花店。又比如，顾客要送一束花给其他人，表达自己美好的祝愿，店主如果能为其提出良好的建议，也会让顾客感受到店里的品位和专业。

花店还可以与其他行业合作，打造出独一无二的品位。

“宁可食无肉，不可居无花。”一间位于上海静安区的某家私馆入口处的花店，令人印象深刻。这是一位中国台湾花艺名师亲手打造并经营的花店。在这里，花艺与家居恰如其分地结合在一起，相互包容、映衬，给人以舒适、惬意的感觉。

这家花店与家私馆合作，其共同意愿就是“让生活的空间更有品位”。在花店店主看来，花是富有生命力的，能够给家居生活增添鲜活的力量。花店入口的两侧，色彩鲜艳的花材呈现出欣欣向荣的模样，只需一眼就能看到花店对花材的细致处理，每一枝花都剔除了下部多余的枝叶，在透明瓶器中显得清爽而自然。跃过花架，餐桌、沙发、壁橱一一呈现在人们眼前，像是走入了一个家居杂货铺。简约杯盘间风信子生机盎然，原木书柜上飘散着薰衣草的香气，甚至在二楼厨房内都能够看到花艺的点缀，它们既融于室内的陈列摆设，又能被独立欣赏，让人不由得驻足停留。

“我们每周都会更换店内陈设，希望呈现出不同面貌，给人以新鲜感。”随着花店与家居产品的不断结合与推广，这家花店受到许多顾客的关注与喜爱。为了更好地推广家居花艺，这家花店还开设了周末花艺体验课程，让喜欢花艺或是热爱生活的顾客能够在这里学习简单的花艺技法，将自己的家居环境变得更加舒适美好。

对于未来，花店店主表示，他们将继续与不同品牌合作，将花艺与更多的生活产品结合在一起。

开店金锦囊

打造花店的品位，首先可以从店内环境的干净整洁做起，然后找到一个精神层面的点，比如某个文化主题，或与其他行业、其他品牌合作。要记住，经营花店是一项美好的事业，有一定的品位是非常重要的。

主动出击做宣传

现在是一个“酒香也怕巷子深”的时代，花店的经营也是如此。想打响花店的知名度，让更多的人知道自己的花店，就要主动出击做宣传。

花店属于坐店式经营，很多店主认为只要把自己的花店整理得井井有条，坐等顾客上门就好，然后再通过贴心的服务让顾客满意而去，口口相传后，不用做任何的广告促销也可以顾客盈门。但是在竞争如此激烈的情势下，仅仅被动地等待还是远远不够的。店主要主动出击做宣传。

如果有条件，可以与媒体建立密切的联系。在一些重要节日来临之前，或是自身制造了消费热点之后（如店庆等），可以与媒体联系，通过媒体告知顾客。比如在情人节，花店可以在网上或是报纸上推出一些类似“神秘花盒”的策划宣传，给顾客留下悬念，吸引顾客光顾。

在日常经营中，花店也应该注重坐店宣传。比如，每到岁末年初，花店都可以适时推出新的宣传册，让顾客提前了解到花店在一年之中会有哪些活动。同时，花店还可以给顾客送上一张精美的贺年卡，以表达真诚的问候和美好的祝愿。

花店店主还应该要抓住任何可能的时机，与自己的老顾客保持联系。

比如有一对新人在花店定做了花车，那么第二年的这个时候，花店可以考虑给这对新人送去一束花，这既表达了祝愿，也是一种广告宣传的方式。

对于那些比较大的客户，店主更要想办法主动出击。有些店主常会觉得自己有主动宣传的心，却找不到主动出击的机会。其实，只要花店店主们能细心观察，在各种媒介中就藏着很多的资源。在看电视、看报纸、上网时，花店店主就可以留心哪些场合需要用花。上海的张先生听到广播说，生产汽车的一家集团不久就要将总部迁到上海，于是立刻与其取得联系，结果预先争取到该集团此后的大量用花。哈尔滨的陈女士也是在电视上看到本地建成了一座大型的艺术展室，于是上门自荐。凭借着自己出色的花艺，陈女士取得了其内部的常年花艺装饰业务。当然，这些还都是比较偶然的事件。花店店主们平时固定地翻翻广告黄页，收集一些信息，再打打电话、发发短信，运气好的话，说不定就能争取到一两家机构进行合作。

花店店主还可以主动给媒体投稿，介绍一些养花、插花、护花的小知识。不少花店就是通过与媒体的合作而受益匪浅。很多花店店主常常会忘记这种几乎可以说是无本却有利的宣传方法。这里要再次提醒大家，有条件的话要尽早操作这一方面，成功的话，效果绝对不亚于花钱做广告。

曾经有一名花店的老板，在情人节时特地进了一批“蓝色妖姬”玫瑰。为了能很好地销售出这批玫瑰，他专门在情人节发表文章“特别的爱给特别的你”，文中特意提到了“蓝色妖姬”代表着世界上最纯洁、最高贵、最热烈、最持久的爱。情人节正是很多人不惜重金表真心的时候，鲜花是常备物品。通过这样的事前造势，“蓝色妖姬”的销量自然不消说，店主还借机宣传了自己的店。在北京非典时期，一位京城的花店老板也是开动脑筋，给报社投稿“闲来在家做花艺”，迎合了很多人那时候不敢频繁出家门，又渴望亲近自然的心理，果然给花店带来了一些生意。

当然，写这些文章需要店主既对鲜花、花艺等有丰富的了解，又有自己的想法和观点。这样的文章写出来才有打动人心的力量。在写作的字里行间，要把握好抒情与广告之间的尺度。尺度把握好了，再找对发布的媒体和时间，就能收到不错的广告宣传效果。

另外，结识媒体人士也很重要。一位花店老板在一次偶然的机会下认识了当地电视台的一位记者，聊天过程中，这位老板突然意识到，现在鲜花消费已经越来越变成一种时尚新潮的标志了，但在媒体的生活板块中，却缺乏这样的资源。于是，花店老板赶紧与这位记者策划了一个与鲜花有关的小栏目。结果，在电视台播出后，花店一下子就火了。

总之，花店老板要想方设法主动出击，让自己的花店走出去，被更多的人所认识。只有这样，才能在激烈的竞争中占尽先机。当然，有好的广告和宣传，一定要有完善优质的服务跟进，否则再好的广告宣传都会显得不堪一击。这是花店老板们要特别注意的。

开店金锦囊

店主一定要树立“主动出击”的意识，不能只是坐在店内，想着如何把店铺布置得更好，而是要想方设法让其他人看到自己的好。与大众媒体打好关系非常重要，能与媒体合作，远比往媒体上砸大量的广告宣传费要好得多。店主平时要注意积累媒体方面的人脉。

第九章 经营之开源——经营技巧

在经营中，总有一些技巧可以让店铺的生意锦上添花。技巧不是捷径，在努力的基础上，适当运用一些经营技巧，能为店铺争取更多的利润。

本章就为花店店主们介绍在经营过程中的一些经营技巧，告诉店主们在一些重要时段可以重拳出击；在促销方面，可以有哪些促销方法，以及如何运用这些促销方法；除了传统的一些促销手法，是否还有其他方法，包括广告宣传等手法，可以促进经营……经营技巧可参考但绝不限于本章中所提到的内容，希望可以借由本章内容，在为各位花店店主提供经验的同时，也激发大家的灵感。

高度重视节日经营

在每个节日到来之前，花店都应做大量的准备工作，如开发新包装、购进新花材等，以增加新的卖点。如果这些新的内容等到节日当天才推出，顾客并不容易一下子就接受。因此，在节日前的一段时间内，就要为店里的产品做大量的宣传工作，例如，做出一些样品陈列在花店中，向顾客展示；或将其拍成照片，寄送给老客户；也可以做成宣传画，张贴在店前，以吸引顾客。这些都是很简单的宣传工作，但对节日里的销售会有很大的帮助。

除了宣传店中的商品，节日前夕店面布置也很重要，好的店面布置可以达到宣传花店的目的。湖北的一家花店就在春节的时候，把花店精心装扮起来，挂上了红灯笼，门前的花架上摆上了应季的年花以及节日礼篮，最为醒目的是在店前悬挂的条幅，上面印着“带鲜花回家，把繁忙放下”的字样。简单的10个字，却充满了人情味，让人不由自主地走进店中。店主说：“这个促销广告帮了大忙，去年春节花店取得了很好的经济效益。”

一般来说，花店行业有几大节日不可错过。

（1）元旦——每年的1月1日，新年伊始，万象更新。用色彩艳丽的花木装点居室，或馈赠亲朋好友，是许多大中城市居民的理想选择。金橘，在翠绿的叶片之间挂满了金灿灿的果实，耀眼夺目，充满喜庆吉祥；瓜叶菊青翠悦目的肥大叶片上，簇生着五彩缤纷的花朵，更能营造出喜气洋洋的和谐氛围。

（2）春节——它是中国人大团圆的日子。人们对春节用花的普遍要求是：色彩要鲜艳，能体现出合家团圆的好心意。宜以表现热烈、富贵、吉祥的花卉馈赠亲友或装饰居室。许多商家的统计数字表明，春节到元宵节的半个月时间内，花卉销量就会占全年销售量的将近一半，是十分可观的数目。

（3）情人节——每年的2月14日是玫瑰花的天下。玫瑰花妩媚娇艳，芳香醉人，带来爱意无限。虽说情人节来自西方，但国内的年轻情侣也非常爱过情人节，每年的2月14日，走在大街上都可以感受到浓浓的情意，哪怕单身的人都会自己给自己买一朵玫瑰，当作节日的礼物。这一天无疑也是花店必须要抓住的节日之一。

（4）母亲节——每年5月的第二个星期天是母亲节。康乃馨是母爱之花，它是慈祥、温馨和真挚的代名词。母亲健在，红色康乃馨是首送礼品；母亲去世，白色康乃馨是对母亲的最好纪念。因此，康乃馨是这一天花市的俏销货。现在，年轻人对于母亲的爱的表达越来越倾向于实际化和浪漫化相结合，送花成为很多年轻人的首选。

（5）父亲节——每年 6 月的第三个星期天是父亲节。父爱较之母爱，虽一样充满无尽的人性之美，却又是不同的。在父亲节这一天，做儿女的可送上一束黄色康乃馨或石斛兰，以表达对父亲的尊敬和感谢之情。在日本、中国台湾等地，石斛兰被视为“父爱之花”。此外，白月季、三色堇、腊梅也是父亲节的理想礼品。

（6）中秋节——它是家人团聚的传统节日。唐菖蒲、兰花、百合花、火鹤等最能体现人们期盼花好月圆之情，桂花、大丽花、百日草等也是适于中秋节的礼品。桂花高贵、崇高，大丽花色彩艳丽、华贵典雅。由于中秋节临近国庆节，市场对一串红、翠菊、蒲包花等花卉的需要量也很大，可提早准备。

节日就像是给花店老板们准备的战役，让他们辛苦，也让他们兴奋，又有点全体备战、比拼实力的意味。而在这“节日战役”中，又有很多精彩战术、策略。其中最传统的当属促销短信和花礼邮件。

促销短信是向花店客户资料管理库的客户们发短信，告知店里推出了节日的新款花礼和服务，提前两天提醒顾客别忘了过节，别忘了到花店订购花卉礼品。注意，如果短信发送日是工作日，以中午 11 时为最佳时间，这时上班的人们将要进入午休，正好有空交流，便于落实订单。促销短信的优势在于，目标客户可以随时接收短信，信息到达及时。短信对顾客的骚扰系数不高，不会影响他们的购花心情，同时新款花礼样式不易被同行所获取，安全性好。但是短信包含的信息量还是比较少，而且很容易被忽视。

花礼邮件也是针对会员和老顾客发出的节日促销方式。一般以提前 3 ~5 天发送为宜。在邮件中做个花店的标志图案，可以有更多的花店文化渗透力量。与短信相比，邮件附带的信息量较大，可以有节日商品的图片、文字说明，还可以加上花店的宣传语等，花店和所售商品都可以得到较为充分的展示。但是目前国内顾客使用邮件的频率并不高，特别是留给花店的邮箱可能并不是自己经常使用的邮箱，到达率不高。

开店金锦囊

无论采取什么方法，营造出节日的气氛很重要。要让顾客感受到店铺里有一番热闹喜庆的景象。对于现今的人们来说，热闹和温暖的感觉非常容易打动人心。店主可通过店铺的布置、促销信息的发布，以及温馨的个性化定制等手段，真正做到为顾客的节日锦上添花。

促销手法要翻陈出新

花店行业虽说有浪漫，但毕竟是一门生意，涉及激烈的商业竞争。现在每个城市几乎都有很多花店，其中的竞争程度有多激烈，真正在这行业里做的店主们应该心知肚明。要想从众多的花店中脱颖而出，并不是一件容易的事。为了吸引顾客，提升效益，花店的老板们想尽了各种办法，使出了浑身解数进行促销。身为花店老板，对于各种促销手法不得不知。下面我们就一起来看看花店的促销方法有哪些。

1. 最简便易行的招数——打折

这是许多花店都曾经使用过的常见招数，即针对不少顾客求实惠的心理，宁可牺牲一点自己的利益，以激起顾客的购买欲望。这种方法虽然老套、普通，但是却也有一定的效果，且操作起来十分简便。需要注意的是，一般人们总是会认为打折的东西质量要次一些，假如三天两头搞打折，很容易给顾客造成你的花店次货很多的印象，或者就不那么稀罕店铺的打折了。所以，这一招千万别滥用，最好是只在遇到节假日的时候使用几次，聚集一下人气即可。

2. 最行之有效的招数——送货上门

随着人们生活节奏的不断加快，大家都希望自己能从繁杂的事务中腾出更多的时间去做自己喜欢的、认为有意义的事情。买花也是这样，虽然不少顾客喜欢鲜花、需要鲜花，但是他们却没有时间或者说不太愿意为了买一个花篮而专门跑一趟花店。针对顾客的这一需要，很多花店都实行了电话预约、送货上门的服务措施，这一措施能使花店有效地提高知名度，增加业务量。但应该注意的是，一定要确保顾客购买的花卉产品在运送途中不要出现损坏，否则会特别影响顾客对店铺的印象。如果因为运送途中花卉破损而产生争执，花店一定要妥善处理。

3. 最底气十足的招数——展示花艺

如今的花店花艺水平是越来越高了，这对顾客来说，无疑是很具吸引力的，谁不愿意自己买的花篮能插得艺术些呢？一些对自己的花艺水平颇有自信的花店就在店堂里搞起了微型的“插花展览”，他们经常制作一些造型优美的花篮花束，摆放在店堂最醒目的地方。顾客一进店堂，浏览了造型各异的花艺作品后，就会对这家花店的花艺水平产生信赖，生意很容易就成交了。

除了通过“店堂销售”这种最原始的方式，花店经营者还可以通过开设多种“店外”服务项目，来满足人们的消费需求，使更多的人爱花、养花，从而增加花卉的销售，并获得更多的利润。

4. 花卉租赁

花卉租赁可分为临时租赁和长期租赁。长期租赁适合于社会交往活动频繁的场所和办公地点，如宾馆、旅行社等，也适合于家庭。现在有许多家庭都愿意养几盆花卉来美饰家居，但由于工作上的繁忙，生活的快节奏以及对园艺知识的缺乏，培养的花卉往往得不到很好的管理，长得不尽如人意，起不到应有的美化家居的效果。花卉租赁即可免除人们的这一烦恼，人们花很少的钱，就可在家中欣赏到可时时变化的花卉，并省去了养花带来的麻烦。人们也可在朋友聚会、亲人团聚、欢度节日之际，租几盆花在家中摆放，即可达到渲染欢乐气氛的效果，获得一种高雅的情调。

5. 花卉意境设计

现在社会上用花卉装扮会场、婚礼、办公室、住宅等场所来渲染气氛的做法已比较普遍，但由于组织者缺乏专门技能，结果往往是花费不少，但达不到预期的气氛效果，因而花卉意境设计这项服务便应运而生。作为一个设计者，除了要对各种花卉的特性、象征含义等有较深的研究外，还需具备色彩、构图、建筑、心理学等知识，要根据服务对象所要求达到的气氛效果，进行设计、摆放花卉。比如要装扮一个会场，就要根据会议的主题、来宾以及服务对象的类型确定渲染怎样的气氛效果，并由此来进行花卉意境设计，确定摆放什么花草，采用什么方式和图案等。

6. 花卉门诊

现在家庭都愿意自己养上几盆花，来装扮居室，但由于缺乏一定的园艺知识，对花卉所需的土壤、温度、湿度等条件以及越冬越夏措施不了解，难以养好花，想请教，却找不到专业人士指导，因而可设立一个“花卉门诊”，接受大众的花卉养护咨询，为花卉的病虫害进行诊断，并组织补救。还可利用已有的设施，对某些娇贵的花卉进行看护，为某些越冬的花卉提供场所等。这样将可免除养花人的种种疑虑，并可增加花店的知名度，完善售后服务，从而增加花卉的销售。

7. 鲜花预约服务

花店可以开设订花热线，订花人通过电话告知指定的时间、地点、收花人及鲜花的规格和数量，然后由花店的业务人员在指定的时间按质按量地将鲜花送到指定的收花人手中，让收花人获得一份意外的喜悦，从而达到送花的效果。这项服务在春节、圣诞节、情人节、生日宴会、婚礼中被广泛采用。

以下有几则颇具创意的促销案例，可供广大花店店主们参考。

在加拿大巴比提兹科的柠檬树花店，以对顾客独到的服务而著称，其为顾客提供的“送花拍照”服务尤其受到广大顾客的欢迎。这家花店的经营者发现，经常会有顾客为久未见面的亲朋好友订花。针对这种情况，柠檬树花店每次在送花时，都会用相机记录下收花人收到花时开心的时刻，然后根据顾客的要求，将照片或把照片制作成明信片邮寄给顾客，让顾客充分感受到带给亲朋好友快乐时的满足。虽然这项服务需要顾客另外多付15 美元，但是自从开辟了这项业务之后，有越来越多的顾客愿意支付费用。“送花拍照”逐渐发展成为花店的特色服务，花店的销售额也因此大幅上升。

在北京一家面积不足10 平方米的小花店里，老板想出了一个新奇的点子——扮成小丑卖花。这招“小丑”送花送欢笑的促销手法，让越来越多的人记住了花店的名字，成为花店的回头客。花店老板偶然注意到街上卖花的小姑娘生意很难做，呼喊很久也没人买花，而商场门口的充气小丑造型却引来游人纷纷拍照，于是就有了把自己打扮成小丑卖花的想法。无论是去市场进货，还是去送花，花店老板每天都身穿“小丑”服装，装扮成小丑走街串巷，吸引了大家的目光，还引起了一些媒体的关注，甚至有报纸将此作为趣闻进行了报道。一来二去，花店的知名度就提高了，通过电话到花店订花的人也越来越多。老板为了配合“小丑”造型，还专门学了几样魔术，分场合给收花的人表演，同时还会送上吉祥俏皮的祝福语。这种送花的方式能逗大家一乐，无论是过生日的老人还是时尚的年轻人都很喜欢。

北京另一家处于偏僻地段的花店，也以它的特色服务而备受顾客青睐。到店的顾客买了富贵竹等水培植物或鲜切花后，花店的工作人员会赠送一小袋硫酸亚铁等花药，并详细地告诉他们怎样使用，或者采用什么方式能够延长花期。花店周边的中小型公司租了盆花之后，花店会送客户一个塑料小喷壶和一把修花的剪刀。这些工具可以方便客户在花店养护工人不在时，自己喷水或修剪蔫花败枝。工具成本只有十几元，花店和顾客各自承担一部分成本，但却能换来顾客的好心情，让他们觉得花店真的为他们着想。所以现在花店的顾客中，80% 都成了回头客。

开店金锦囊

花店的促销方法多种多样，既要“推陈”，也要“出新”。老旧的方法要用，有些传统的方法历久不衰一定有其原因，但要突破局面，还是不能少了创新的点子。店主平时要留意细节，找寻细小的突破口，为自己的店铺找到一条促销的独特路子，为店铺的销售打开新的局面。

充分利用网络营销

网络已经成为当前重要的媒体，对于年轻人来说，更是片刻离不开网络。充分利用网络进行营销，绝对是增加花店营业利润的重要方法。而且近年来，花卉业的电子商务已经发展得十分成熟。花卉是新鲜的商品，中间流通的环节越少，损失就越小，成本也就越低。通过网络与顾客直接进行交易，既快速又低耗，对买卖双方都十分有利。

通过网络来拓展花店的业务，符合未来的消费趋势，也是一个很好的营销手段，对提高花店的知名度、提升花店形象有积极的意义，同时还能将业务范围扩大到异地。

玫瑰坊的主人称自己是中国第一批上网“冲浪者”。那么玫瑰坊的主人是如何想到要做网上连锁花店的？他又是怎么建立网上连锁花店的呢？

玫瑰坊开门迎客后，来的第一个客人是一位住在瑞典的留学生。他希望在情人节这天给女友送上一束鲜花，以表达自己对她的思念之情。然而，这个女孩子的家不在北京。玫瑰坊曾在网上与女孩子所在地的一家网上花店的主人交流过经验，于是马上与对方联系，希望这束花由对方送去。事情进行得很顺利，花在情人节那天送到了女孩子的手里。令人高兴的是，当地花的售价比北京的便宜，除了支付给对方花店买花费用外，自己还赢利了一部分。这件事情启发了店主，他在网上查询其他地区网上花店的资料，与他们取得了联系，并把自己的想法与对方进行交流，结果获得了很多同行的支持。采用这种方式，玫瑰坊在全国 16 个城市建立了连锁花店，并且还在不断扩大连锁规模。

玫瑰坊的老板对互联网了解越多，就越能体会到其中蕴藏的商机。看准了鲜花市场后，店主开始积极地与美国提供网络服务的公司联系，商议租用磁盘空间的事宜。他认为网上花店要想与传统花店竞争，就要发挥方便的优势，而这个优势对于异地或异国的人来说尤其实用。所以，花店将来营业的一个重要部分是境外客人，故而选择在美国租用磁盘空间。同时，店主开始网站主页制作工作，在一个多月的时间内完成。

在春节前夕，玫瑰坊悄然开张了。到 4 月底，玫瑰坊正好赶上了两个鲜花热销时间，一个是情人节，一个是母亲节。虽然送出去的花并不多，但实际情况仍比预期的好，这是一种鼓励。网上花店与传统花店相比，低价是优势，而要充分发挥这个优势，做好服务是关键。玫瑰坊每枝鲜花的售价比传统花店要低20%左右，且不收送花费用。每个花束都精心包装，尽量符合花的性格和收花人的情趣。不论客人先付款还是后付款，保证在收到客人订单后24小时内送花到位，还可以应客人要求制作各种随花附送的贺卡。利用网络的优势，玫瑰坊还提供跟踪服务，使订花人可以随时动态查看鲜花递送情况及款项到位情况。如果说网上花店拼的是服务，那么首要的一点就是要让顾客放心。这个放心包括很多方面，如放心地把送花这件对他（她）很重要的事情交给你做，放心地把对方的喜好告诉你，放心地把自己账户里的钱转到你的名下，并且对你有能力很好地完成他（她）的心愿也很放心，等等。在这方面，店主总结了传统花店和其他网上花店的一些经营经验后，在自己的网上花店里添加了一套新功能——跟踪服务。

渐渐地，玫瑰坊在网上开起了连锁店。与传统的连锁经营相比较而言，玫瑰坊的连锁经营模式大概不能算是真正意义上的连锁形式。但从经营效果及店面的分布形式上来说，它又具有与连锁经营相同的经营效果，如成本低、运作规模大、店面分布范围广等。对玫瑰坊这样缺乏真正意义上的整体商业运作体系支撑的、小规模的花店来说，采用这种“连锁”形式，应该是一个值得注意的举动。

提供跟踪服务并不是玫瑰坊的创举，在传统的商业活动中，精明的商人们为了笼络顾客的心，早就已经采用了热线电话提供即时查询的服务。在国外，网上商店业主们利用网络及时、方便的特性，将这一形式进一步完善，提供形式多样、功能齐全的查询服务，也就是这里所说的跟踪服务，做到让每一个客人放心，留住每一个客人。

网络营销的竞争是一种以顾客为焦点的竞争形态，如何与散布在全球各地的顾客群保持紧密的关系并能掌握顾客的特性，建立顾客对于虚拟企业与网络营销的信任感，是网络营销成功的关键。

开店金锦囊

进行网络营销，既要保证其上的产品种类与实体店大致同步，更要注意突出网店与实体店的不同，即有些产品只能在网上买到，这可以让顾客更快接受花店网络营销的模式。在拍照方面，要能真实反映出花卉产品的美感，必要时可进行一定的修饰和美化，但切记不能失真。

广告宣传方式要多样化

花店店主们都希望尽可能地让更多的人知道自己的花店并光临，同时宣传的费用越低越好。事实上，只要肯开动脑筋，综合运用各种广告宣传方式，这是可以实现的。

河北一家花店连锁店为了打响自己的名号，与当地电台合作，策划了出租车司机寻找花店派出的“马路天使”的活动，花费不多却让花店的名字深入人心。

“马路天使”一般为两名，他们胸前佩戴花店的店徽，各手捧一束放有花店名片的鲜花。当电台主持人宣布寻找“马路天使”活动开始后，“马路天使”会奔赴到当地的主要公路干道或车站、广场。当有司机找到“马路天使”，并与电台连线回答相关的问题后，就能获得“马路天使”手捧的鲜花，同时还能获得指定珠宝店的一份小饰品。这一活动每周举办两次，而花店每次只需要提供百来块的两束花即可。

出租车司机是城市的信息员，这项活动坚持了近3年，每当有人询问出租车司机哪里有花店时，司机自然会第一时间想起这家连锁花店的名字。可见，这种手段的广告宣传效果远比直接在电台做广告要高明划算得多。

下面介绍一些既实用又有效的广告宣传方法，对于那些刚开店的店主们来说，这些方式应该可以帮得上很多忙。

1. 设计花店形象标志物

花店的店名、标志符号及店铺形象色彩都可以作为花店形象标志物。但是要注意，送到消费者手中的每样产品上的花店形象标志物都应该保持一致。无论是店面招牌、名片、网站还是广告，尤其是商品包装，外观上都要有一定的联系，并传递同样的信息。

出于各种原因（比如成本），花店店主可能会找一家公司做商品卡片，找另一家公司做店面招牌，然后再找一家公司做产品包装材料。这样做很可能使花店呈现出一种混杂的形象。如果感觉某家公司的设计很好，而且合作得不错，那么可以考虑长期合作，请它来做店铺的各类形象设计。设计完成后，可以向对方索要一张原图备份。这样如果以后需要在上面做修改（如电话号码变更），就不会发生图案的色彩、造型、比例等出现偏差的问题。

2. 在商品包装上做广告

如果能充分发挥花店形象标志物的作用，那么完全可以不花一分钱，就让花店的“广告”遍布全城。顾客来到店里购买商品后，花店要为它提供全套的服务，而商品包装也是服务的一部分。一旦包装好的商品被顾客带出店铺，就会有许多人看到它、喜欢它。所以，为什么不在产品外包装上加上花店形象标志物，让它发挥广告作用呢？不少花店店主已经尝试这么做了，并取得了不错的效果。

上海的冼小姐希望自己的花店可以给人们带去善良、温馨的情感，能够传达对世界的美好愿望。她设计了一个精致的、用玫瑰花做成的心形图案，而在中间就藏着一个表情生动的小天使，张着一双大眼睛好奇地看着这个世界。冼小姐将这个图案悬挂在花店的入口处，同时印在精美的名片上，这样来到花店的顾客很容易就能看到这个可爱的、寓意美好的图案。来店里的顾客都很喜欢小天使这个形象，当他们进一步体会到花店贴心、专业的服务时，就更认可这家花店，花店的名声就慢慢传开了。

在包装袋上，也可以使用代表花店形象的标志或色彩，以帮助顾客建立一些对花店的认识。如果店里的商品有多种造型和规格，不妨印制一些专门的标签。这些标签可以贴在包装纸、袋子、盒子，甚至是购物券上。这是非常经济的一种方法，要知道印标签的成本比印制各种包装袋和包装盒要低很多。

在采购包装材料时，除了有自己的计划和预算，也应该问问包装材料的供应商，现在什么样的包装可以带来最大的效益。

山东一家花店的店主介绍说，在开店初期，她就有意识地注重打造花店的品牌。她与一些出售家具的企业取得联系，达成合作关系，在摆放在商场里出售的各类家具上放置适合的花艺作品。而在作品旁边，就会放上一个小牌子，说明此作品来自“××花店”。这样，来逛商场的顾客就会知道这家店，并且在脑海中形成一个品牌观念。在以后自己需要买花的时候，就会想起“××花店”。品牌打响了，也就增加了不少的生意。

3. 免费花艺表演

虽然是免费的，看似不划算，但其实可以取得非常好的效益。免费花艺表演既可以为自己的花店做免费的宣传，还可以展示花艺，让人们对店里的专业水平有所了解。

一个高档社区召开业主联谊会，出钱请一家花店为其进行舞台花艺布置。这家花店的店主在接到这单生意之后，灵机一动，借机提出愿意参与联谊会的演出，免费为其做一场花艺表演。对方自然是欣然应允。于是花店老板得到一个很好的机会，为这个高档社区的住客，其实也是自己的潜在顾客群，做了一场宣传自己花店花艺水平的表演，甚至还在演出后进行了花艺作品的派送和售卖。这场看似免费的表演在社区联谊会上取得了非常好的效果，除了现场购买踊跃之外，还让很多人认识了这家花店，并对花店的水平有了一定程度的认同。对社区一方来说，出钱请花店为自己装饰舞台，额外收获了一场精彩的花艺表演。而对花店来说，收了钱做工程，同时额外地宣传了一次自己的花艺，为自己赢得无数的潜在顾客。不愧是一场双赢的活动。

4. 张贴宣传海报

张贴海报是花店宣传手法中常用且有效的方法之一。花店的经营应当好好利用这个手段，让它产生最好的效果。花店的海报可以张贴在花店的各个位置，既可以让顾客在购买产品之前得到花店的最新信息，也能让顾客对花店正在进行的活动等产生兴趣，产生不在预计之内的购买行动。

当然，海报的张贴也是有技巧的。首先，要体现出海报的作用。通常来说，海报的内容要能及时传递花卉信息，引起顾客注意，激起顾客的购买欲。海报的设计要新颖，要有针对性，通过海报展现花语心愿，唤起人们对花卉的向往并达到购花的目的。

其次，张贴海报时要随意，不要太拘泥于形式。柜台后面、柜台桌上、收银机附近，甚至天花板都可以张贴海报，总之要把海报贴在顾客最方便看到的地方。海报也可以张贴在店外的橱窗上，这样不但店内的顾客可以看到，而且可以吸引路人停下脚步观看或者进店购买产品。鲜花店的内外墙壁也是很好的张贴位置，都能起到宣传的效果。不过凡事也有个度，海报也不能胡乱张贴。

最后，要注意时常更换，不要让已褪色或破旧的海报，还有内容已经过期的海报仍然张贴在店里，会影响花店的形象。

开店金锦囊

花店开张之初经济实力还有限，不宜大手大脚地花钱，这时候就需要多动些脑筋，开辟新思路，用尽量少的钱去宣传，逐步提高花店的知名度，打响品牌。广告宣传方式不能只拘泥于一种，一定要多样化，并且互相配合，综合运用。

开拓花店业务新思路

在花店的发展中，经营者可以充分启动与花卉专业相关的经营项目来扩大经营规模，增加经营范围，开拓花店业务的新思路，这样才能让花店拥有更多获取利润的渠道。

1. 增添鲜花礼品经营

在花店旁边，可以建立一个鲜花“礼品屋”，每一个小礼品都与花有关，有纯鲜花制作的，也有以花为主或以花为辅制作的。在礼品中，充分展示出花的魅力，有古色古香之美的，有浪漫华丽之美的，有返璞归真之美的，有小巧玲珑之美的，有随意想象之美的……每一件礼物都可以送给顾客一份真诚的祝福。

2. 增添音乐花艺吧

现代人重情调，特别是年轻人。建一个音乐花艺吧，陪伴着人的是音乐，陪伴音乐的是鲜花。人们在这里赏花赏乐、净化心灵，也享受着生活中的美好与惬意。心情好的时候来到这里，心情会更好；心情不好时来到这里，则会舒缓压抑的情绪。跟爱人来到这里，恋情可以加温，甜蜜可以加倍；跟亲人来到这里，会更加懂得互相珍惜。它可以为爱花、爱静、爱美好的人创造一个属于他们的世界。

3. 增添鲜花摄影业务

在这里，每一幅摄影作品，都以鲜花为主题。桌上放的是鲜花，椅子周围也是鲜花，摄影人的服装点缀着鲜花，手里拿的是鲜花，眼前看到的是鲜花，脚底也是一片鲜花，头上戴着鲜花，目之所见是一个花的海洋，呼吸的是充满着清香的空气。爱花的人在这里可以发现一个更美丽的自己，并定格下花里的自己，成为美好的记忆。

4. 增添鲜花食品服务

鲜花聚天地日月之精华，是色、香、味形及营养俱佳的统一体。因此，鲜花也成了食品中的一绝。建一个鲜花食品屋，为人们提供由可食用的鲜花制成的美味佳肴。比如用紫藤花制作的鲜花糕点，还有桂花丸子、肉汁牡丹、合面油煎槐花等。人们在品尝鲜花佳肴的同时，也可感受花的文化。

5. 发展社区业务

小区物业管理的其中一项任务就是为住客们创造优美的环境，这也就为花店的经营者们提供了扩大业务范围、展示经营才华的机会。有些花店的店主认为这离自己太远，或者不认为这中间会有很多的机会。但实际上，花店店主只要有胆识、敢想敢做，把花店的花艺做成绿化作品，为小区的生活环境增添新鲜和温馨，那么就可以为自己争取到很多的业务，可以把花店做的花艺作品摆放在社区的显著位置，如社区花园、社区宣传栏、社区门口等；另外在各种节日里，也可以摆放适应节日气氛的应景作品，比如中秋节的时候在社区绿化区展示一品红、菊花，圣诞节时制作一棵圣诞树摆放在社区门口等。

有机会的话，还可以承担小区的绿化养护工作。小区的绿化管理是每日必不可少的一项工作，也是一项技术性强却又繁重的工作。如果承接了此项业务，那么就要为每一位绿化养护员配以带有花店标识的工作装。这样也可以让小区的居民对花店的整体形象有一个比较直观的认识，打造花店的良好品牌，从而为进入家庭绿化服务奠定良好的基础。

随着小区绿化业务的开展和稳定，可以针对小区内各家各户开展家庭绿化系列服务，包括定时换花业务、电话订花业务、家庭租摆花卉业务等。定时换花业务是为用户养、护、换花，就像每日的送报工、送奶工一样，依照住户的要求，每天都由店员将鲜花送到用户的餐桌上、客厅中，或是上门养护家中的盆花。电话订花业务是只要住户有需要，可以随时打电话给花店，要求上门服务。按照用户的要求，可以让顾客足不出户，就能享受到令人满意的专业服务。家庭租摆花卉业务是根据住户的要求，对各个房间进行室内绿化设计，签订租摆协议书，按照协议书的规定对住户进行室内花卉的租摆。

总之，对社区居民所开设的每一项服务就是小花店业务的再扩大，都会促进小花店一步步成长壮大。

开店金锦囊

只要动脑筋，就一定还可以想出新的方法来。千万不要以为花店经营的路子和方法就那么几条。成功的花店总是有自己独特的方法，可以被模仿，但总是在前进中防止别人超越。店主只要肯想、敢想，就一定能开拓出适合自己店铺发展的新思路。

第十章 花店经营经典案例十五则

即使在国内，花店也并不是一个新兴的行业。在国外，现代花店的历史则更长久。在漫长的花店发展历史中，有许多经典案例值得现在的花店店主们借鉴。再好的理论都要通过实践去证明，而在实践中，人们总是可以总结出更多更好的经验方法。这些经验和方法即使放在今天，依然让人受益无穷。

除了可贵的经验和方法，很多花店创始者本身的创业故事也非常激励人心。在本书的最后一章，就为大家分享十五则花店经营中的经典案例。在这些经典案例中，店主们可以学习到有用的经验和方法，感受到花店人执着、认真的拼搏精神，从而以更大的热情、更坚强的意志投入到自身的店铺经营中去，真正开出一家赚钱的鲜花店。

野兽派花店的故事营销

上海的野兽派花店创建于2011年12月。当时，店主安贝尔一时兴起去买花来插，当他到了花市之后，才知道有那么多种花材。于是买了很多，插起来送给朋友。朋友收到都吓一跳，因为安贝尔的插花非常有风格。安贝尔说自己的插花是野兽派插花，说白了就是乱插。后来，安贝尔开的花店，也就干脆以“野兽派”来命名了。当然，事实上，野兽派是曾在巴黎流行的现代绘画潮流，追求情感表达的表现主义。那之后，安贝尔在微博上注册了这家店，把平时送给朋友的花放了上去。结果真的有人订花，由此开启了安贝尔的花店创业生涯。

安贝尔毕业于复旦大学新闻系，干了十年的媒体行当，之后辞职做起了投资。她形容自己是“狮子座，性格急躁，追求完美，不管不顾，嫌弃土人，吃得了苦，但受不了委屈”。六岁起开始学画，后从事当代艺术收藏，因此她说：“我的感觉并不来自花艺基本知识，而是来自对生活与情感的理解，对美的基本判断。”

野兽派花店的镇店之作是“莫奈花园”。这个镇店之作背后还有一个故事。曾经有一位顾客订花，希望能表现出莫奈名作《睡莲》的意境，可是当时并没有合适的花材进行创作。但这位顾客却说“美值得等待”，之后不再催促，让花店慢慢寻觅花材进行创作。

数月之后，安贝尔想起日本直岛的地中美术馆藏有《睡莲》，美术馆按照《睡莲》选择了150种植物，建成莫奈花园，一路开放在小径。安贝尔自此获得灵感，终觅得花材，做成“莫奈花园”。安贝尔说，这其实是向这位顾客的致敬之作，是所有对美心存执念的普通人心中的秘密花园。

店内另一个受到追捧的作品是“潮流之香”。这款粉色的玫瑰花材由一位普通的年轻人育成，全球只有两家玫瑰园种植。野兽派愿意将“珍贵”作为自己的标签。安贝尔解释道：“好像是穿越而来的平民少女，以坦白娇憨得宠。”难得的是，潮流之香的香味达到5度（玫瑰香味分为5等，5是最高等级），“以至于任何玫瑰香水在她面前都显得做作”。

在营销方法上，野兽派花店运用了微博作为手段，并在微博上开启了自己的传奇之旅。其第一条发布的微博引来了20条评论，并不算很热闹。但很快，野兽派花店就以其独特的经营之道和温馨的140字微博赢得了众多粉丝。在不到半年的时间里，野兽派花店已经拥有了超过7万的粉丝。几乎每天都会在微博上晒晒送出的花束，再晒晒这些花束背后的故事，这成了野兽派花店和粉丝保持互动的主要方式。很多粉丝看来，这140字讲述的一个个故事，很多时候就是一段荡气回肠的感情。很多人，特别是文艺青年们被其吸引，许多演艺界明星也成了它的常客，这与其利用故事来进行营销是分不开的。

野兽派花店倾听客人的故事，然后将故事转化成花束，每束花因为被赋予了丰满的故事而耐人寻味。野兽派花店所选用的花束绝不是市场上常见的，而是进口花卉品种经过精心雕饰之后，针对不同的人群、送花与收花人的心境，起上颇有文艺范儿的名字，包装完成的花束。花店只在微博上出售花束，顾客也都是花店的粉丝，在微博上通过私信下订单，客服通过私信回答顾客的问题，最终达成交易。

可以说，野兽派的成功源自故事营销，利用微博病毒式的故事传播，免费获得大量的潜在客户，还获得了赢利。对于花店的粉丝来说，在野兽派花店的微博里可以围观寻常生活中有趣的细节，还可以成为故事的男女主角，而野兽派的花则更是给人一种浪漫的感觉。野兽派花店的经营理念是：一花一故事，传递着大城小爱。所以，在这家花店里，花本身已经不再只是一种产品，而是被赋予故事的，是用户自有情感的一种表达。收花人收到的不仅仅是一束花，而是一个故事，一种情感，而他们自己，则是这个故事情感的主角。这种体验是传统花店所无法达到的，传统花店没有给顾客这样的机会，野兽派给了，这是野兽派成功的关键。

现在，野兽派在北京三里屯北小街高调开张了一家实体店。此外，野兽派还在 2012 年 8 月上线了网站，除了花艺，业务还扩展到了干花、香氛蜡烛、配饰等更多的品类。

经典点评

野兽派的成功可以归功于以下几点：

（1）产品锁定精准用户——通过微博的关注粉丝，可以精准锁定自身的潜在用户或者说是直接客户。

（2）主题或内容的定位——应是情感加上创意，野兽派花店的成功很大程度在于其经营理念。无论是实体店还是网店，都需要情感、创意的理念和定位才能成功。

（3）定制、个性化——现在的消费者越来越追求自己的个性或者说是独特性，而相应地，野兽派为顾客量身打造个人故事，无疑能给顾客提供真实、温暖的感觉。

虽然野兽派的花艺在整个花艺圈可能算不上是最好的，但其却用故事营销的手法为自己带来了成功。对于许多花店的粉丝来说，成为故事的男女主角，围观寻常生活中有趣的细节，已经成为一种买花之外的附加值。野兽派的成功告诉我们，原来电商还可以有这样的一种经营方式。利用微博的病毒式的故事传播免费获得大量的潜在客户，而动辄几百上千的礼盒又保证了毛利。这完全颠覆了传统电商拼价格的局面。

花店推出社区商业新模式

在加拿大一所老旧的社区内，有一间奥拉城市花店，其经营模式却是全新的。这间花店以社区为依托，从经营范围、员工招聘到产品销售等一系列工作都坚持以社区为中心，成功地推出了社区商业新模式，

店主开花店已经有快三年了，其所在的温哥华商业区东部曾被认为是加拿大最贫困的地区之一。但是，新兴浪潮已经慢慢席卷了这里，很多创业者纷纷涌向这个地区，开办了大量的创造型企业。而奥拉花店的店主就是这些创业者之一。

奥拉花店的经营模式其实也很简单，她们的花材采购渠道主要有三个：诚信的种植者，有公平贸易认证的花卉农场、当地有机农场，以及在自家花园中种植美丽植物的城市供货商。“关于‘城市供货商’这里需要解释一下，我们在城市中穿行，常常能看到私家花园里种植着美丽的花，

我们就将宣传单投到种植者的信箱中，告诉他们‘我们在你的花园中看到了美丽的花朵，我们有意购买’。如果他们对此感兴趣，就会与我们合作成为一个城市花卉供应商。”奥拉花店的店主如是说，“作为城市供货商只需要正常养护这些鲜花，而我们会上门采收并支付购花款。”但是，双方这样沟通并不容易。店主要尽量用最简单易懂的语言来描述这件事。“这是一个复杂的概念，却是一种全新的形式，所以我们经常要向大家解释这些专业术语。”

奥拉花店很快就联络到一批城市鲜花供货商。春夏时节，约有一半的新鲜花材来源于这些城市供货商。而到了秋季，浆果类、豆荚和叶子类的新鲜产品价格下降约15% ~20%，花店会更多地依赖当地的传统农场和公平贸易认证及诚信种植者。“人们认为我们的经营方式非常独特。”店主说道，“我们的花材更多地来自城市，这些花材其他花店也有，但他们很少使用，因为他们没有商业化种植。”而事实上，在很多花艺设计中，花艺师喜欢使用这些来自城市供货商的特有品种。

在经营中，奥拉花店还尽量与社区形成互动。某年秋天的时候，奥拉花店在温哥华地区为陶器艺术系学生和陶器协会会员举办了一个设计比赛。“这里有很多设计型人才，而我们能够生产优质的商品。因此，比赛中他们创作的独特的作品正好可以弥补我们日常采购的标准化商品的单调。”

此外，在员工招聘方面，花店也优先考虑社区人员。奥拉花店的员工包括3个设计人员和1个开放职位，这个开放职位主要是为那些有就业障碍的居民提供工作机会，工作时间为每周10小时，员工还可以自由选择他们哪天工作。

奥拉花店社区商业模式的另一个重要组成部分是在闹市区东部支持非营利和服务机构运营。奥拉花店每年都会拨出一部分资金作为赞助预算，为一些社团活动捐赠植物或者花卉。植物上的卡片和标识能够让与会者知道这些植物来自哪家花店，而顾客还可以在会后购买这些活动赠花。有一次一个团体活动中遗留下来的鲜花又被用于妇女中心主办的一个花卉研习班。

在花店的经营管理中，这种以社区为中心的经营思路发挥了巨大作用。奥拉花店位于整栋建筑的二层，在大街上不容易被看到，而口碑就成为花店的主要宣传手段。店主认为这种经营模式在未来几年会对邻近地区产生积极的影响。店主对自己花店的商业模式非常满意："只要我们继续发展，就能够拥有更多的客户，产生更加广泛的影响。客户越多，对于城市花卉工作者的需求也就越多，这样城市农民的队伍就要不断扩大。"

在自己的花店走出社区商业新模式的成功后，店主也建议其他花店从"成为社区的好邻居"做起。"这样做十分重要。"她说，"假如你为社区活动提供赞助，你将很快融入这个社区。人们会认识你，并且知道你并非只是一个零售花店。"

经典点评

奥拉花店的成功很大程度上取决于其与社区良好的互动。这种互动不仅是与社区合作举办活动，更重要的是在更深的层次上融入到当地社区。首先，从进货渠道上，"城市供货商"这一采购渠道从本质上来说就是从社区中来。当地居民培育的花朵不仅新鲜，而且有其独特性，更有亲民性，让购买的社区居民有一种亲近的感觉。其次，奥拉花店还从社区中招募员工，为有就业障碍的居民提供就业机会。这实际上是一种公益慈善行为，可以为花店在社区中树立非常好的形象，比花钱做广告要划算得多。最后，与社区合作的活动也不仅仅限于赞助这一种形式，而且自己举办有原创性的比赛，这就会产生更大的影响力。

花店如果开在社区附近，就一定要与社区建立良好的互动。因为社区的居民将是花店主要的客户群。抓住这部分客户群，就可以为花店带来稳定的利润。奥拉花店与社区的成功互动经验值得现在国内的许多社区花店借鉴。

下岗女工的花店创业故事

每次送完鲜花之后，小燕都会给顾客发一条短信："您好！您预订的鲜花已经送达客户手中，您的朋友收到鲜花很高兴！非常高兴能为您完成送达服务。"虽然短信内容很简单，但是小燕觉得，这是表达一种她以及她的花店对顾客的尊重。小燕说，每次给顾客送出一捧鲜花，就觉得自己同时给别人送去了一份祝福和快乐。现在，小燕的花店已经不仅仅是她维持生活的经济来源，更被她看作是给人带来快乐的源头，是一份美好的象征。

小燕开花店其实是无奈之举。2002 年，小燕从某商城下岗了。对于将来自己能干点什么工作，她自己也感到手足无措。迷茫了一阵子之后，她仔细分析了自己的优势和劣势：年轻，做过销售和服务；资金不多，管理经验不足。认识到自己这些情势后，小燕并没有急于操作项目，而是针对自己的不足先去进修充电。她参加了区就业局组织的创业培训班，学习经营管理理论。与此同时，她还在慎重地寻找适合自己的创业项目。

经过一系列比较，小燕最终将目光锁定在开花店上。然而当时，花市其实并不活跃。"大家去医院看望病人，并不像现在这样买上一捧鲜花，一般都是买一袋水果或者牛奶什么的，讲究的是一个实惠。"小燕说，那时候她所在的城市还没有多少家花店。在很多家人和朋友看来，她选择开花店是比较冒险的。

然而小燕却没有理会这些"不利因素"，准备好一切后，她毅然开起了她的鲜花店。后来，有人问她为何当初坚持开花店。她说，一是因为自己原本就喜欢插花弄草，二是她认准了开花店有巨大的市场潜力，随着人们生活水平的慢慢提高，鲜花会逐渐为广大市民所接受，而且当时竞争并不激烈，自己先提前介入还能占据市场先机。当然，按照小燕的说法，这种不计眼前得失的提前介入还是“交了不少学费的”。

花店开业之后的很长一段时间，经营一直很惨淡。“有时候店里甚至一天都没有人进来，那时候自己会觉得特别慌。”小燕现在提起来，都还难免有点心有余悸。刚开始经营没有经验，自己对于插花这类专业知识了解有限。于是趁着店里空闲时间多，她和丈夫经常到别的花店里“偷学”技术。有时候站在旁边看别人插花，一看就是半天。回来之后，小两口就先拿家里的干花开练。没过多久，小燕和丈夫参加市里组织的下岗失业人员职业技能比赛，还获得了插花项目的三等奖。作为花店的店主，手艺这关总算是过了。

开店有了手艺还是不够，销售业绩上不去，很多时令鲜花都烂在了冰柜里。如此又持续了近两年，周围几家先后开起来的花店早已频繁易主，并且最终关门大吉。只有小燕的店依然在坚持。那段日子是“硬扛”过来的。终于，小燕接到了一个单位会场布置的业务。由于小燕的鲜花质量有保证，服务态度又好，博得了单位负责人的赞扬，最终这个单位成为她的第一个大客户。此后他们一直合作得很愉快。这次合作让小燕信心大增，而花店也坚持着渡过了最难的时刻。

花店开到第三年，转机出现得更加明显。由于小燕不断拓展长期合作客户，花店每月有了比较固定的收入。而时间长了，花店的知名度也逐渐大了，散客的数量也增多了。小燕说，在这三年里，她也在学习管理方面的知识，积累了一些管理经验，在店铺规模慢慢扩大的过程中，她的管理能力也凸显出来。

对于花店的成功，小燕总结起来最重要的原因有两个：一是诚信，二是创新。说到诚信，小燕认为这是所有做生意的人必须具备的基本素质。

创业是件长久的事情，不像街头卖假货的流动摊档，打一枪换一个地方。开花店的 5 年同样也是塑造自己诚信的 5 年。她认为，最大的诚信就是要保证产品和服务的质量。只有客户认可花店的产品和服务，花店才可以生存下去。

说到创新，小燕也是深有感触："开花店不是简单的卖花，鲜花也和服装一样，还要赶上最新的潮流。比如不同材质的包装纸就代表不同的流行元素，你一定要及时把握，否则会落伍的。"为了"紧跟"潮流，小燕请人给她的花店专门制作了网站，并且和其他花店联合，结成了一个鲜花礼品全国速递联盟，把花店开到了网上，花也送到了全国各地。

如今，小燕的花店收入不仅足以满足全家的生活需要，赢利部分还可以让小燕不断扩展业务，维持经营上的良性循环。一路走来，小燕觉得，创业肯定会遇上弯路，重要的是要坚持，以及不断进修自己，提升自己各方面的能力。

经典点评

小燕的成功花店创业故事完美地诠释了"坚持"二字。这种坚持不是不撞南墙不回头的坚持，而是有目标、有努力的坚持。既然上路，就要把路走得越来越宽，让自己走得越来越稳。

小燕在入行之前可谓对花卉行业完全不懂，只是有兴趣，但是，一旦下定决心，就想办法让自己不断进步，让店铺一次次坚持渡过危机。任何一种成功都不简单，但只要学会坚持，学会进步，就一定可以走下去。现在开花店，无论是时机、资源，都比小燕那时要好得多。既然小燕都可以取得成功，那么正在准备开花店的你，又何愁坚持着没有出路呢？

花店里热卖的女士内衣

肖肖出生在一个家境殷实的家庭，而她本身是学营销管理出身。大学毕业后，肖肖在北京的广告行业闯荡了几年。这几年间，肖肖一直在观察市场，想自己创业。最后，她把目光锁定在花卉经营上，打算自己开个花店。

打定主意后，肖肖辞去了经理助理的职务，跑到花店做插花女，为的是“偷师学艺”。在花店打工的时间里，肖肖几乎逛遍了这座城市的花市、花店，参加了各种插花培训，从店面选址、花店装修、货源组织、顾客接待等各方面给自己将来的花店做着筹划。

一年过去了，有“心计”的肖肖俨然已经成为了一名“插花高手”。很多顾客到她打工的店里买花时，都跟老板点名要买她的插花作品。这时，肖肖觉得时机成熟了。在留意了店铺租赁信息两个多月后，肖肖在商业中心租到了一家心仪的店铺。

在店铺装修上，肖肖为了制造出花团锦簇的效果，在鲜花展示区里安装了很多镜面。这样看上去，一朵花就变成了两朵花，一束花就成了两束花。另外，还增加了粉红色的光源作为照明，这样，鲜花摆放的虽然不是很多，但却非常有效果。

为了让自己的花店独树一帜，肖肖还研究了很多其他花店用不上的材料，把这些材料作为自己花店插花常创作的重要配件，比如羽毛、砂纸和特别的包装，以及束花专用的拉非草。这些都是本地市场没有的，肖肖通过网络来组织自己的供应商，花了许多心思和精力。

一切准备好后，肖肖的花店大张旗鼓地开张了！在开业的头三个月里，肖肖每天都会创作一个新的插花花篮，摆放在玻璃橱窗最醒目的地方，第二天免费送给第一个光临花店的顾客。这一招非常有效，甚至有不少人听说了这一消息，大清早就来买花。当然，抢花篮的不是只有一个人。有些人没抢到花篮，但却发现店里有其他一些非常合适的产品，为了不白跑一趟，也就掏出腰包买下了。

经过一段时间的观察，肖肖发现自己的顾客中情侣的比重很大。或许是因为店铺位于商业中心，是情侣们逛街、购物、娱乐的聚集地。肖肖专门为情侣创作了一批手捧花，花不名贵，量也不大，但别致、精细，非常特别。肖肖还在店内和店外摆放了一些漂亮的座椅，很多情侣都把她的花店作为约会碰头的地点。

一年过去了，肖肖的花店已成为这个行业里小有名气的店铺。这时候，有一件事让肖肖费起了思量。她的一个闺蜜，开了一家女式内衣店，内衣的牌子还挺有名，但生意一直不好，最终关门了，想把剩下为数不少的存货让肖肖在她店里帮忙处理掉。这让肖肖有些为难。不答应吧，对不起这么多年的友谊；答应吧，花店里卖内衣，可能会显得不伦不类。最后考虑良久，还是友谊占了上风。肖肖决定在花店里开辟出一个区域来帮闺蜜卖内衣。

出乎肖肖意料的是，一段时间以后，花店里的内衣居然卖得不错。肖肖于是又自己进了一批内衣回来，对店面再次调整。这次她把鲜花展示区域和内衣销售区域穿插交错布置，而且将几款精美、性感的蕾丝内裤，折叠包装成一枝玫瑰花的形状出售。这一下子就火了，不少情侣顾客从很远的地方专门跑来，就为了买一条包装成玫瑰花形状的蕾丝内裤。又过了不到半年，肖肖的店铺销售额翻了一番，女式内衣的销售居然跟鲜花的营业额平分秋色了。歪打正着，这是一直善于思考的肖肖始料不及的。

经典点评

著名的“鱼塘理论”告诉我们，顾客就是一条条游泳的鱼，他们除了会在你的企业成交，还会去别的企业成交。所以，你的目标客户一定在另外一个相同的鱼塘里。女性内衣的潜在顾客就在肖肖自己的花店顾客中。

男性顾客在女性内衣专营店里会有尴尬的感觉，而花店却是男女顾客都方便访问的场所，很多女性内衣的付款人往往是男性，无论他们是情愿的还是不情愿的。花店里销售女性内衣，让很多男性付款人没了逃避的借口，因此，女性客户更愿意带着男伴到花店来选择内衣。

另外，对于女性而言，接受一束花作为礼物和接受一件贴身内衣作为礼物，传导给异性的信息往往有质的区别，它代表了双方的关系进入了亲密的最高级别。因此，渴望关系得到突破的男性也更愿意以买花为借口到肖肖的花店内采购内衣送给自己的女伴，花店里的女性内衣给这些男士提供了一个进退自如的尝试突破的机会。如果没有成功，那么买一束花当下台阶也不错。

解密花店的财富奥秘

五年前，陈曦和自己的丈夫一起从公司离职，打算回自己的家乡开一家花店。

两人将店铺的位置选在了家附近的一所医院旁的一条小街上。之所以选择这里，最初的想法是给去医院探病的人提供买一份礼物的渠道。这条小街虽然不是繁华路段，但却是去医院的必经之路。而且，这条街上还没有花店！两口子将花店开起来后，努力地将这间小鲜花店经营得有声有色，月营业额最高的时候能达到将近 5 万元。这个收入比两人在公司打工时翻了好几番。那么，这间开在医院小街上的小花店到底有什么样的经营奥秘呢？

首先来看花店的投资成本。陈曦透露了其成本预算，可供其他创业者参考：铺位租金约每年 10000 元；简单装修及布置约 2000 元；用于经常性购买原材料的流动资金约2000元。一次性投资以及日常的运行资金并不大，但鲜花的零售利润可达50%～80%，十分可观。不过要注意的是，鲜花很容易枯萎，致使损耗率相当大。花店创业者要有心理准备，按照这种损耗率，中档花店一般要1～2年才能收回成本。

既然有鲜花损耗大的风险问题，就要求花店老板更注重营销。鲜花的保养难，开花店不可避免地会碰到鲜花的损耗问题，因此如何保养好鲜花，最大限度地降低鲜花的损耗就显得非常重要。如果保养工作做得不好，损耗过大，就会入不敷出。鲜切花的保存期短，夏季五六天，冬季十几天，而且，鲜花的价格变动大，几乎一天一个价，因而经营者要依市场行情、个人的经营经验，掌握进货、备货的节奏和数量。进多了会造成浪费，而进少了，如果赶上行情上涨，就会损失利润。在节日较少的淡季，可以大力开展网络营销，网民多为年轻人，比较能接受网络预订鲜花这种模式。此外还可以开展花艺课程，联系一些老顾客来学习插花等技艺，在联系客户的同时，也能促进鲜花销量。

对于自己花店的成功，店主陈曦总结了几条创业心得：

（1）定位是成功的关键。花店选址、取名、营业时间、商标注册、花店形象识别系统和组织机构（花艺设计部、业务开拓部、会计部、运输部）都要有利于创建名牌花店，打响品牌，展示花店形象。

（2）打好和顾客的心理战。顾客来花店购花，花店员工要注意从年龄、着装、交通工具等方面观察顾客，更要从脸色、情绪等分析顾客心态和心理，以便为顾客介绍和推荐合适的花品。

（3）小店也要讲蓝海战略。花店要重视特色经营，独特的店面设计和店内布置（用仿真花、鲜花装饰花店空间）及与众不同的花艺风格，都会给顾客留下愉快的印象。而且要特别重视节日经营，营造精于服务的氛围。

经典点评

陈曦花店的成功可以说是一种最正统的成功，甚至可以说照足了本书所说的去做而取得的成功。首先，陈曦会选址，将店铺选在了非常好的地理位置上；其次，选好了定位，并通过一系列手段让定位明晰、清楚，同时坚决贯彻到底；再次，分析客户心理和需求，以客户为先提供服务；最后，有一定的创新，做好自己花店的特色经营，让自己的花店能够被认知，被接受。

宣传推广与顾客体验并重

不断播放的摇滚乐让不少男人知道了这家“魅力鲜花店”，从音乐的注入到独特的产品陈列，花店店主一直在努力创造一种氛围，让男人感到舒适愉悦，就像大多数花店之于女人的感受一样。

这是位于加拿大东南部城市沃特卢小镇上的一间花店。在当地25～45岁的人群中，这家花店拥有非常高的知名度。大多数顾客基本都是冲着花店鲜明的特征、自然的风格和悠闲的氛围而来的。有顾客说，这家花店给人的感觉不像是在销售鲜花，更像是在销售奢侈品。来到这里，似乎整个人的品位也提升了一般。当然，这间花店里的产品价格的确不便宜，走的是精品路线，但依然顾客盈门。店主经常囤积一些进口的绣球、玫瑰等花材，并将它们用于各种花艺设计。店主说道，有不少顾客在看到花材价格的时候，会感到十分震惊。但是，当把它们巧妙地运用到花艺设计中时，他们就会觉得这价格是值得的了。“只有利用好它们，顾客才能看到它们真正的价值。”店主非常清楚这一点。此外，花店里还销售各种有趣的商品，从桦木花瓶、蜡烛到拼音字母装饰，店主一直通过个人品位去引导她的顾客。

即使在“魅力鲜花店”刚开业的时候，店主对于花店的日常工作也并不陌生，因为她曾先后受雇于6家花店，对于这一行非常了解，积累了很多宝贵的经验。在6家花店打工的日子里，店主的目标非常明确：学习第一手的花艺设计技巧，有朝一日开一家属于自己的花店。因此，她在工作期间总是尽可能地学习和倾听。

跟未婚夫一起来到沃特卢小镇上后，店主在5个月时间里就考察清楚了当地的花店业情况，并且顺利地找到了一个理想店面。她抓住机会租下了这里，使得一直以来的梦想很快成为现实。

花店开业初期，销售势头就相当好。持续几周之后，花店迎来了情人节。店主准备了相当充分的花材，希望在第一个重大节日里大赚一笔。然而事实上，她的花材数量仍然不足。“在情人节当天中午11点，店里的花就卖完了，我当时真是有点始料不及。”店主说道，“我不得不结束我的网络订购。”但即使在最繁忙的节日，“魅力花店”仍然不忘自己的特色，那就是要创建一个休闲舒适的购花场所。每次到了重大的节日期间，花店店主和员工就会穿上滑稽的衣服。比如有一年的母亲节，他们穿着写有“哟，妈妈”的衬衫，情人节穿的则是小爱神丘比特说“你好，我的朋友”的衣服。这些都成功地吸引了人们的目光，激起了他们的购买欲。另外，店内工作人员和她时常来帮忙的未婚夫都喜欢在工作时保持开心，顾客也十分享受这种悠闲的氛围和调侃的乐趣。

“魅力鲜花店”还时刻不忘推广。店主坦承，当地人开花店更有“人和”的优势，因为这会带来很多业务。而在当地没有亲戚朋友圈的她，不得不依靠自己的社交技能。她为周边几家咖啡店和一个整形外科医生办公室提供免费的装饰设计，这是一个迅速推广产品的有效策略。比如，刚开始店主为一家咖啡店设计了一个桦木花瓶的作品。结果没过多久，就有不少顾客上门，指定要购买咖啡店里的那件作品。

店主还与多个婚庆服务供应商建立了联系。花店经常会将这些厂商的产品用于陈列布置，这个策略也很奏效。婚庆带来了大量业务，并不断在新人之间口口相传。事实上，婚庆目前占花店整体销售额的1/4左右，这都是店主和她的设计师不断展示和宣传的功劳。“当新人来店里咨询时，我从不询问新人的婚礼预算，我会告诉他们，我们不会问你的预算，我们只是设计你们的梦想，并且引用你的梦想。如果不小心超出了你的预算，我们会再重新进行设计。”但事实证明，大多数时候，新人们都可以负担得起，并且他们会得到他们想要的。

尽管花店开局很好，店主仍打算做进一步推广。她租下了镇上的一个传统建筑作为新店面。她认为，她需要一个强劲的市场推广，让客户知道花店将要迁址。于是，她的新店刚一装修，她立刻开始就迁址一事做广泛宣传，让顾客不知不觉产生一种期待的心理。“一定要找个好的老师，并且学习他们的失败和成功经验。”花店店主说道，“记住，千万不要盲目地去开一家花店。”

经典点评

“魅力鲜花店”的成功归因于良好的店内氛围和无处不在的宣传推广。试问，鲜花真正的功能到底在哪里呢？也许它可以清新室内环境，但是鲜花最重要的是传递一份心情，让人感受到温馨的氛围。“魅力鲜花店”的店主正是清楚地看到了这一点，从氛围这一点入手，直接击中顾客的心扉。

在宣传推广上，店主也不遗余力。摆高姿态对于大多数花店来说并不可行，重要的是放下架子，让自己走入人群当中，让人们知道花店的存在，这样在有需要的时候才会愿意光顾。广告宣传推广也是打造花店品牌非常重要的一部分，不能小看。

品牌营销让花店顺利转型

最近几个月，德尔两兄弟一直忙于打理他们的新花店。五年前，两兄弟合伙开了一家花店。现在，他们重新翻新了花店，同时准备对核心业务做出调整，将产品重心从家居装饰品重新回到花艺上来。

两兄弟的新店位于临街位置，是极好的精品花店所在，6 米的挑高空间给每一位进店的顾客都留下了深刻印象。店内以销售花艺作品为主，还兼营一些小型装饰品和礼品。“鲜花的流通很快，但是如果涉及配饰，就必须要有仓库。新店的仓库里基本上都是各种装饰瓶、靠垫和其他小物品。”哥哥介绍道。个性化装饰品在花店中占据着非常重要的位置，因此，两兄弟总是四处寻找新奇独特的产品，参加各种礼品展示会。为了寻找个性化商品，特别是那些周边没有人销售的，两兄弟没少费心思。

尽管花店内有很多种礼品和装饰品，但是鲜花却依然是花店的主角。在装修布置上，花店实行完全的开放式，花艺设计师的作品错落有致地摆放在展台上，鲜花被映衬得更加光彩夺目。花店里还创造性地开辟了鲜花定制区，顾客可以依自己喜欢的花材和设计风格定制花礼作品，并要求设计师当场制作。

两兄弟各自拥有不同的专业技能。哥哥曾经服务于一家企业，开店后，哥哥主要负责花店的经营工作；而弟弟之前有将近十年的花艺设计经验，主要负责花艺的创意设计。兄弟两人分工协作，花店业务日渐兴隆。

花店内的花礼作品兼具现代和传统风格，但是并不局限于哪一种，而是完全依据顾客的品位进行设计。哥哥表示，店内除了天堂鸟、雏菊、康乃馨等常规的花材以外，还准备有很多的新颖花材。其中，春季和夏季主要销售当地的新鲜花材，到冬季则会采购一些温室花材。此外，花店还常年销售一些小型的盆栽绿植，以满足顾客的个性化需求。

花店慢慢累积了一批忠实的零售顾客。大家欣赏花店一贯的高品质，以及店内热情的工作人员。一些企业客户也成为花店的忠实粉丝，虽然数量算不上很庞大，但却让两兄弟看到了今后的发展机会。此外，花店还一直为一个大的犹太人社区服务，尤其是每年的犹太新年，都会让花店拥有一笔不小的收入。

两兄弟从开店第一天起就有品牌意识，立志将花店打造成知名品牌，一直都致力于花店品牌的开发，并努力帮助花店树立良好的品牌形象。大到花店的配送车辆，小到丝带和标签，每一处细节都有明确统一的花店标志，彰显出花店对于细节的重视程度。

另外，网站也是品牌营销的重点所在。从一开始，两兄弟就为花店建立了网站，而且中途还进行了一次改版。改版时，两兄弟一致决定放弃他们先前用照片填充网页的策略，而是雇用一个与他们的品牌风格相协调的摄影师，力求网页风格与店面风格协调一致。为了扩大宣传，花店还在几本当地发行量较大的杂志上做了广告。哥哥认为，这些杂志对于花店营销来说非常有利，因为它们的目标客户群都是本地中高收入人群，这正好符合花店的目标客户群体。

至于最强大的营销手段，可以说是社区内的口碑营销了。自开店以来，花店与周边的犹太人总医院、某癌症慈善机构等单位建立了长期联系。哥哥表示，这种联系将长期保持下去。为此，当花店迁入新址时，他们还特意为每一位老客户赠送了一个小型银制纪念品，感谢他们对于花店业务的支持，受到了大家的喜欢。

经典点评

品牌一旦建立起来，其价值将不可估量。一个强大的品牌可以助力花店安然度过可能产生的危机。德尔两兄弟从一开始就树立了品牌意识，并一步步将花店的品牌打造强大，这样，即使遇到花店转型，也可以顺利度过并成功转型。

德尔两兄弟创立花店品牌的经验有以下几点值得借鉴：

（1）无论再怎么兜售周边商品，鲜花永远是主题，不会被模糊焦点。这也是花店店主们必须时刻铭记的。哪怕在花店里也卖其他的商品，也一定要记住，这是一家鲜花店。模糊了焦点就很容易走上不伦不类的道路，失去清晰的奋斗目标。

（2）建立统一的花店标识。只有将各种标识统一起来，才能真正打造一个品牌。没有任何一个品牌的标识是不协调统一的。统一的标识可以让人产生信赖感，也更容易让人记住。

（3）做好口碑营销。品牌并不是靠在媒体上大肆打广告做出来的，最好的品牌是通过人们的口口相传做起来的。

借用名人效应为花店带来转机

加拿大渥太华市的“花解语”花店因为一个千载难逢的为超级明星做花艺设计的机会而名声大噪，为自己迎来了巨大转机。这样的机会或许并不是每一间花店都能遇到，但是总有一些稍纵即逝的机会出现在你面前，不知道你能否像这间花店的店主一样，牢牢地抓住机会呢？

有一年年初的时候，“花解语”这家经营了 8 年的花店在各界祝福声中迁至渥太华市的一个居民社区。这个社区周围以小型企业为主，拥有不同的购物群体，包括专业人员、年轻夫妇以及外来人员。针对这一情况，花店推出了适合各类人群的花礼产品，从价值 15 美元送给母亲的小花束，到价值 150 美元的求婚花礼，统统都可以在这里买到。经过一段时间的运营，花店的业绩越来越好，其中的顾客大部分都是零售顾客。这些顾客有一个共同的特点，就是他们十分信任花艺师，认为这里的花礼产品现代而浪漫。良好的氛围和专业的技术让“花解语”花店很快建立起良好的人际关系和广泛的客户基础。店主认为，对于现代花店来说，社区是一个完美的地方。

但是当花店租约期满、准备再次续约时，店主却发现随着该地区知名度的提升，房子的租金也开始飙升，这让店主觉得难以承受。于是，没过多久，一块写有“租赁”的牌子出现在花店橱窗里。因为租金的关系，店主不得不开始寻找新店址，并在房产顾问拉特那里做了登记。

此后，一个为明星奥普拉·温弗瑞的路演之夜做花艺设计的机会让“花解语”花店一连忙了几个星期，以至于店主都顾不上寻找店铺。在这期间，拉特悄然走访了这家花店，发现了这家花店的特点：华丽的布置、年轻的人才和讨厌的租赁标志。“我想她有小麻烦。”拉特说，“为什么这个女孩能为奥普拉这样的超级明星做花艺设计，却还会因为房租太高而发愁呢?”于是，拉特打电话告诉她的这位客户，她失去了一个最佳的营销时机。“为什么不让全世界知道你为奥普拉做过花艺设计呢?”拉特问道，“你已经投进了所有的钱，现在你需要得到回报，你应该利用它来赢利。”这次谈话让店主的思想开始转变，不仅针对她的业务，还有她的角色。

在拉特的帮助下，店主兴奋地看到当地报纸、杂志和电视早间新闻节目里都刊播了关于她为奥普拉做花艺设计的经历，媒体的关注有效地提升了花店的整体形象，并且帮助花店获得了更多的业务和收益。之后，拉特开始帮助她分析花店的成本、销售额及利润率等数字指标，这是非常必要的。对于那些害怕数字的人来说，这是一个艰巨的任务。但是店主还是告诉自己，数字是她决策中不可或缺的一部分。于是，她坚持记录并分析每一天的成本及销售额。这被证明是非常值得的一件事。这些数据对于花店的采购和销售来说具有非常重要的意义。“现在我才意识到，过去我不了解花店每周的销售额是多么可怕。”店主说道，“我不仅是花店业务的执行者，我更是一个老板。”

店主意识到自己在花店的未来规划上视野越来越窄，她更多地关注眼前事务，以至于忽略了花店的长远规划。为此，她开始多管齐下：花店的博客以前偶尔更新，现在每月更新数次；顾客能够在每周二上午10点准时收到“花解语”花店的最新销售信息；定期更新网页新闻，让顾客随时了解花店的最新消息等。店主说她现在已经学会了委派工作，例如将洗水桶和擦地板这种简单工作交给她的兼职店员做，自己则将精力放在业务技能和管理上。“老板应该认识到自己能做什么以及自己所能承担的极限。如果能回到过去，我会给自己一个忠告，那就是你一个人不可能擅长所有的事情。”

经典点评

“花解语”花店的成功借助了奥普拉·温弗瑞的名人效应。正是因为帮这位高知名度的名人进行了花艺设计，从而使花店的店主认识到自己在花店管理上的不足，包括对花店未来发展的规划缺乏，以及对当前形势的错误估计。

借助名人效应是花店打响知名度的一个重要手段。这其实不难理解，看看现在很多企业都找名人明星做代言就知道了。利用名人效应可以让产品更广为人知，但是要注意的是，名人顶多只能是为花店带来一时的效应，要想让花店长久地经营下去，店主还是要在管理、技术、服务等各方面下足工夫，真正做到将每一位顾客都当作重要的名人来服务，力求为顾客提供最高水准的服务。

花店迁址也可以迁出新的一片天

在加拿大，有一间经营十分平稳的老牌花店。其所在的社区有很多居民都爱来这里买花，可是由于政府需要征用其店铺所处的地块，店主不得不重新寻找店面。找新的店面谈何容易，店主更没有想到，这次迁址会对花店产生巨大的影响。

作为一家成功花店的店主，他自然知道一个好的店铺地址是多么的重要。在重新选址时，店主希望将花店迁到一个有活力的地区。“我们希望迁往发展型社区，那里最好有大量的年轻人和商务人士。”店主是这么想的，也是这么去做的。他几乎找遍了整座城市，终于在一个街角处找到一幢大楼，大楼的位置非常显眼，周边人流量也足够大，十分符合店主的预期期望。尽管心里还是有一点忐忑，店主还是决定把这里租下。租下后，店主开始对新的店铺着手进行装修。新花店所在的建筑大楼有一个很大的特色，就是面向街道一侧的两面烟色玻璃墙，每个来看过这个新地址的人都说，这是一幢非常现代的建筑，装饰也非常新颖。这让店主十分满意自己的选择。

装修过程中，店主听从了朋友的建议，将吸引眼球的宣传海报全部贴在了玻璃上。这样的装饰比之前老店那种普通窗户的效果要好，因为当顾客开车路过时，就可以立即看到它。结果事实证明，这的确起到了很好的宣传效果。

一切准备就绪，老牌花店从原来的旧址搬到了这幢大楼。由于选址的正确，花店的零售销量不降反增。店里的成品花束成为最畅销的产品之一，这也是花店店主一直以来的得意之作。店主说，大概三四年前在原来的老地方，成品花束只占销售额的10%，现在可以占到大约30%。这种转变可能并不是因为店铺所在的社区不同，而是意味着消费市场正在悄悄地发生变化。

新店在内部设计上，划分出了产品制作区、销售区和婚庆咨询区。这种设计使得花店内部的储藏空间严重不足。在这有限的储藏空间内放置着一个近5米长的冷柜，里面存贮着约占进货总量80%的鲜切花，包括玫瑰、康乃馨、菊花等。储藏空间被压缩得很小，这本来不是一件好事，但是店主及店员却被此逼得形成良好的经营习惯。店主认为，人们更喜欢能够触摸到的东西，他们想要绕着鲜花走，并且低头就能闻到花香，而不是让鲜花藏在冷柜里。于是，店主将零售空间设计成开放式格局，以便顾客能看到完整的花艺制作过程。天气好的时候，店主还会将鲜花摆在花店的入口处，他认为这是诱惑路人进店的最好方法之一。事实证明，他这一招也的确十分奏效。

店主跟他的妻子、女儿共同经营着这家老牌花店，现在已经有30多年的历史了。这30多年的经营让这位老店主积累了大量关于家族企业运营的经验。当然，其中也包含着很多教训，尤其是在管理方面。“以前，我们在工作中相互干涉。”店主承认早期家庭分工不够明确，“我负责采购部分，但我的妻子、女儿也参与到其中，有时候导致大量的进货重复；她们主要负责管理，但我也会时不时地插手，因此发生了很多不愉快。”后来，他们吸取教训，重新考虑并明确了分工。店主负责财务和行政，他的妻子负责产品设计，女儿则负责采购。这样一来，大家都清楚了各自应该干什么。当然，有些事情大家还是要一起讨论，但是已经不会出现之前互相插手的情况了。

如今，对于这间老牌花店的店主来说，最大的挑战是留住有经验的员工。他很明白，想找到有经验的花店员工很难，想找到经验丰富的花艺设计师就更不容易，而重新培训一名员工也会耗掉不少人力物力。为此，店主推出了奖励机制，奖励条件有两个，完成其中之一即可每月获得额外奖金，如果两项同时完成就可获得双倍额外奖金。金钱果然能激发员工的士气，大家干得更加卖力了，花店的业绩也是蒸蒸日上。

经典点评

通过这则案例，我们可以再次看到店铺选址的重要性。对于想要以花店为终身事业的创业者来说，一辈子把花店开在一个地方似乎是不可能的。店主可能面对店铺租金上涨、房东收回或是政府强制收回等意外情况，从而导致要迁址。或者花店做大了，需要开花店，也需要重新为分店选地址。这时，一味地抱怨和难过都是没有用的，只能是想办法再去找一个理想的店址。每一次改变其实有可能是发展得更好的契机，抱着这个理念，像当初刚开店那样去寻找新的地址，一定能找到满意的结果。

这间老牌花店告诉我们的另一个重要事项是注意分工的明确。“一个和尚挑水喝，两个和尚抬水喝，三个和尚没水喝”的道理也适用于花店的经营。一件事情如果分工不明确，就容易发生混乱，效率不高。在创业初期，店主可能面对众多烦琐的事情，这时候更要明确分工。确定自己要做什么事，让员工去做什么事，明确了分工，可以让分力聚成更大的合力，助力花店的发展。

微博花店——实现你的“私人订制”

“微博花店”对于现在的花店店主们来说，并不是一个陌生的词汇。2011 年，微博花店在国内网络上悄然出现，自此，各路营销达人争相效仿。一时间，微博花店铺天盖地，热点话题不绝于耳。其微博界面独特而富有创意，寥寥数语讲述着动人的故事。同时，那些设计精美的花束更是触动了人们心中最柔软的部分。那么，仅靠不断更新图片和百余字的推广文案，就能吸引如此庞大的消费群体吗？微博花店究竟有何生存之道？

1. “私人订制”

冯小刚导演的电影让这四个字又大火特火了一把。而这四个字也正是微博花店的取胜之道。与传统花店的产品选择范围窄、花束设计雷同相比，微博花店推出的定制服务是让花艺师根据顾客的情感故事，制作一款独特且唯一的花艺产品，然后辅以温婉的描述，表达购花者的内心情感。

在“私人订制”中，很多顾客千奇百怪的愿望都得到了满足。有的送给相爱多年却因为任性倔强而最终没能走到一起的女孩；有的送给携手二十年、相互支持的蓝颜知己；还有送给因失恋在寒冷冬夜里失声痛哭的闺蜜……每一个独一无二的故事、每一个心底诉求，都借助微博平台找到了恰当的出口，因而，也成就了“私人订制”。很多人就是这样被内心感受所牵引，而成为微博花店的潜在客户。

2. 与众不同

一位微博花店的负责人说道：“我不想做一个常规的花店，因此我要摒弃过度包装，告别传统的‘玫瑰 + 百合 + 满天星’的搭配，放弃含混不清的花语。”

确实，在花材选择上，很多微博定制花店都比较讲究，荷兰的“粉红魅力”洋水仙、流苏郁金香“蜜月”、厄瓜多尔的“自由女神”玫瑰和英国的“大卫·奥斯汀”玫瑰等均被大胆运用于设计之中。这些花材都是微博花店经营者经过细致考察，甚至亲自去国外生产基地挑选和定购的。

花艺作品完成后，精美考究的包装也是微博花店的一大亮点。放弃繁复包装、回归简洁真实，那些专门定制的黑色硬板包装纸、透明波点包装纸、黑红系列花盒、原木条纹花盒，以及形形色色的瓶器等材料都充分体现出微博花店的与众不同。当然，这样一款定制产品的价格也比较高。据了解，一款定制花艺产品的销售价格通常在500元左右，个别高端产品甚至达千元以上，但即便如此，购买者仍然热情不减。由此可见，定制花礼的确满足了相当一部分消费者的购买需求，特别是高收入群体。

3. 完好无损的配送

微博花店面对的受众来自全国各地，异地送花需求明显增多。配送问题是微博花店不得不面对的问题。目前国内不少微博花店都使用快递公司配送，通常可当天发货、次日送达，但是费用较高，是普通快递的数倍。然而，鲜花虽美却容易凋谢，运输稍有不慎便会前功尽弃。

以礼盒作为花束外包装的一家微博花店，在配送之初，寄到外地的花盒总会有或多或少的破损，严重影响产品形象，这让经营者倍感压力。为了解决这个难题，经营者决定自己定制包装礼盒，并对礼盒的款式、厚度和整体质量提出明确要求。与此同时，针对较远地区，还在花盒外部增加木质保护层进行整体加固，以此来保证产品配送的万无一失。

此外，还会遇到因季节不同鲜花保存期不同的尴尬。比如，在冬季，郁金香等花材在一两个小时的配送时间内不会出现任何问题，但在温度较高的夏天，则很可能在到达客户手中时，从花苞变为盛放状态，大大缩短收花人的摆放时间。为了最大限度地避免这一问题，一家微博花店的经营者特意从日本进口营养液，延长鲜花的保鲜期。

经典点评

随着微博、微信等社交软件的大肆兴起，实体花店利用网络进行营销已不仅仅限于在网上开办自己的网站。特别对于一些投资小、规模小的花店来说，花一大笔钱在网上开办网站并保证其运营，并不是一件划算的事。因此，在微博、微信上开花店是另一种节省成本，且能拓宽销售渠道的方法。

但是正如本则案例中提到的，微博花店也有自身的局限性，特别是在配送方面。刚起步的小花店如果还不能完全套用微博花店的全部运作流程的话，建议先将微博或微信平台当作与顾客沟通的一个渠道，主要经营范围还是维持在所在的城市为好。

小镇花店的生意经

在加拿大安大略省的一个小镇上，有一间花艺设计中心。它以贴心周到的服务以及时尚潮流的花艺设计吸引了来自世界各地的顾客。这家花店已经经营了 3 年，尽管对于零售商店来说还相对较新，但是店主凭借自己丰富的花艺设计经验、卓越的经营管理才能、开朗的性格，以及对顾客的爱，将花店经营得有声有色。

回想起开店过程，其实也有点机缘巧合。当小镇上最大的花店历经 83 年而关闭后，房主决定自己经营。由于花店较小，店主不得不量身定做冷却器。当接到大型婚礼或葬礼订单时，这里的空间也不够用，值得庆幸的是店门口的停车场和人行道可以临时使用。

开业两年后，花店迎来了一个很好的机会。当地有一个花卉供应商有兴趣在这个花店的位置上建立一个花园中心，并且有意与花店店主合作。经过慎重考虑后，店主同意了供应商的建议，即让供应商在此建立花园中心，而供应商要为花店店主在花园中心开辟出一个经营鲜切花的零售店面。

一年过去了，这个花店的生意日益兴隆。同当地很多花店一样，这家花店也算是家族企业，店主的父母、堂弟、堂妹都是花店的员工。当生意繁忙的时候，所有人都不能休息，并且还要招呼其他亲友来帮忙。

在花艺设计风格上，店主趋向于现代风格的花艺设计，但是仍然以尊重客户的需求为主。“我喜欢现代花艺设计，但我必须考虑到在这样一个相对偏僻的小镇上，我不能丢掉传统花艺设计，这样才能兼顾老年人和青年人的需求。”店主说。但是店主还是常常会鼓励顾客去尝试新事物。“很多时候，当顾客来到店里选购鲜花时，我们会告诉他们哪些花可以用其他花材来代替。这样，顾客下一次来时就能够有更多的选择。”

婚礼和葬礼在花店业务中占据很大比例。由于在周边地区做了推广，花店的客户逐年递增，新娘们总是会将这间花店推荐给自己的亲戚和朋友。除了花艺装饰，花店还提供日常服务。店主会十分关注婚礼的细节，甚至顾客有需要的话，她还会帮助新娘整理服装。在这个重要的日子，花店的员工不只关注婚礼用花，还负责婚庆典礼和接待，活动结束后还要结算场租，并将剩余的装饰材料回收。这些额外的工作都受到了客户的欢迎。很多新人父母特意来到店里，感谢花店在婚礼现场所做的工作。

这种个性化服务也同样适用于殡葬业务。店主积极与当地殡仪馆联系，去争取那些需要个性化服务的顾客。每当此时，花店都会努力创造一个真正反映逝者人生的设计。“我们做各种事情，就是想要得到大家的关注。”店主如是说。

在花店的推广上，店主尝试过多种方法，包括传统的报纸广告，但最终从创意中获得了最大的利益。每年，店主都会与周边学校一起举办募款舞会。“我们为舞会提供花艺系列设计，而会上募捐的款项归学校所有。这种方式很好，因为学校增加了收入，而我们也有了一个宣传的平台。”另外，花店还会捐赠学生购买额的10%给学校，学校可将获得的现金投入到舞会中。通过这种方式，花店与学校建立联系，同时也鼓励学生们创造舞会用花。“他们不能准确领会书中的胸花设计，但是他们可以学到怎样使胸花更加搭配衣服。有趣的是，孩子们在下一个母亲节来到花店时，仍然记得你。”花店还会在每年的特定时间举办设计培训班。参加培训的人需要支付一定费用，并能获得一些材料和工具。“他们可以为自己的房子做一些装饰，我会给他们提供一些思路，但是他们必须发挥自己的创造力，并且自己寻找制作所需的材料。”花艺设计培训班也让越来越多的人慕名而来，花店的知名度进一步扩大。

如果说到花店开业以来遇到的最大挑战，花店店主提到了该镇同行业间的竞争。在花店开业的同时，另有几家花店也在小镇上开业了，这一下子填补了镇上花店的空白。为了争取客户，花店有时必须放弃自我。有时，花店会参加一些家庭节目的录制，寻访企业客户，涉足慈善事业，同时，还要专注于花店行业的特色服务和花艺设计。只有多管齐下，不断向前发展，才是维持竞争力的最大法宝。短短 3 年的经营，独一无二的设计、产品和服务已经成为这家花店成功的关键要素。

经典点评

这间小镇花店的成功再次说明了个性化服务以及与周边社区合作的重要性。小镇花店非常聪明地揽下了三大业务，分别是婚礼、殡葬以及学校舞会。这三个场合都需要大量的鲜花及花艺作品。花店店主拿下这三项业务后，全心全意地为顾客提供服务，注重各方面的细节，赢得了顾客的青睐。

如果只依靠零售顾客前来买花送人，花店的生意很容易就会陷入瓶颈。一定要注意发展大宗业务，寻找那些需要大量用花的场合。只要每个月有几单这样的生意，就可以维持花店的正常运作。另外，也是要积极与社区周边合作。

网络花店的创意制胜

当前，网络花店日渐增多，各家网络花店的比拼渐渐集中于“创意”二字。可是这“创意”二字说难不难，说易却也不那么容易。如何才能在激烈的网络竞争中出奇制胜呢？一家名为“熊的花园 1960”的成功故事或许可以为大家提供一些灵感。

1. 特色配送吸引多方注意

头戴邮差帽、身穿笔挺西装、手捧花盒，一只憨厚的“大熊”穿梭于城市的大街小巷，吸引了不少的回头率。路人纷纷拿起自己的手机拍照发微博、发微信。这一新奇的配送方式一时成为热点话题。当大家知道这只"大熊"来自哪家网络花店时，需要买花、送花的人顿时纷纷下了单。

当然，这个憨态可掬的"邮差熊"并不仅仅是一个邮差，他还传递着送花人对于收花人的情感。在追求个性的时代，许多年轻男士选择用"邮差熊"来表达爱意，并进而成为一种求婚形式。"熊的花园 1960"的店主说，为了满足消费者的个性化需求，工作室还允许送花人自己扮演"邮差熊"，将花艺师精心制作的符合情境的花束（花盒）送给心爱的人，而整个过程都会有工作人员全程协助。这种新颖的情景设计，正是客户要求的完美体现。此后，"熊的花园 1960"又在私人订制的"邮差熊"求婚活动中，特别推出"秘密的爱""微幸福"等免费摄影摄像服务，将收花人收到鲜花的幸福瞬间定格于镜头之中，作为两人永久的纪念。这项特色服务也受到了顾客的强烈欢迎，进一步提升了该品牌的影响力。

当然，针对那些送花给父母、同事或者朋友的顾客，工作室还提供摩登时代、花房姑娘、麦迪逊甜心等多种配送人员选择，以满足不同关系人群的配送需求。

2. 跨界合作开启经营新天地

与人们熟知的小丑花店不同，"熊的花园 1960"并不是一家实体花店，而是以工作室的形式进行网络销售。那么，如何拓展客户群体、采用何种营销方式无疑是其经营发展的关键问题。花店店主表示，作为一家网络花店，线上推广无疑是不可或缺的。除了自身的网站之外，在淘宝平台上的网店和时下大众最为熟知的营销平台微博，也是网络花店必备的营销手段，都可以迅速地吸引有需求的顾客。此外，在传统的 BBS 和知名网站"豆瓣小站"上，也可以找到"熊的花园 1960"的信息。其中，"豆瓣小站"用日记的形式记录了花店工作的点点滴滴，力图从细微之处打动人心，同时也向网友们表达了“种植生活惊喜、寄送花与爱意”的经营理念。

除了线上推广以外，近两年，花店还开始尝试与全球美妆品牌、可口可乐公司等大牌知名企业合作，推出新年花艺礼盒、年末回馈创意花盒等多款花艺产品。此外，去年在国内时尚杂志《知情人》(*Insider*) 上，还相继刊登了“熊的花园 1960”与宝格丽等珠宝首饰跨界合作的时尚大片，吸引了多家媒体进行报道，使得“熊的花园 1960”在经营之路上日渐宽广起来。

凭借着一个又一个新颖的创意手段，“熊的花园 1960”在激烈的网络竞争中逐渐浮出水面，并以独特的营销和服务理念不断攀上新的台阶。

经典点评

网络花店也好，实体店铺也罢，一家有创意的花店总是可以比较轻易地取得成功。“熊的花园 1960”并不是靠产品本身有多出色而出名，而胜在一些环节中的创意。当然，产品本身也要在一定的水准之上。但是对于鲜花这一行来讲，形式有时更重于内容。毕竟花店卖的是一份情感、一份祝福。

“熊的花园 1960”与大品牌合作的经验非常值得借鉴。这其实是一种变相的“傍大款”。借助知名品牌的影响力，打响自身店铺的名声，不仅可以让更多人注意到自身店铺的存在，更重要的是为自己的店铺和产品营造品位高雅、有格调的感觉。这对于吸引中高端的客户群体是非常重要的。

“老吾老以及人之老”

作为一个中国人，一定听过“老吾老以及人之老”这句话。在宁夏银川，这句话对一家花店来说，更是有其特别的意义。它不仅仅是花店经营者的道德准则，还是花店经营十多年来的生意经。

这家花店的主人是一对诚恳朴实的夫妻。老板娘在十几年前也曾开办过一家小花店，希望能够贴补家用。由于自己在殡仪馆做遗体化妆工作，所以起初花店虽然生意不太红火，她也不太在意，加上自己不善交际，所以并没有打算把花店渐渐做大。

“老吾老以及人之老”，这是老板娘自小就听着长大的一句话。虽然她的工作让别人有排斥心理，但自己从未觉得有什么不好，她说，人活一辈子，走的时候可以体面一点，也是对生者的一种慰藉。可能是由于看多了生死，所以她对于老年人有一种特殊的感情。她曾经说过，有许多老人临近晚年的淡泊与豁达让她非常感动。平时有时间，她总爱与老年人聊天。

在与老年人聊天的过程中，她发现随着城市的发展，能够让老年人交流、聊天的场所却越来越少。一年 365 天，很多老人只能坐在路边闲聊，不禁让人觉得很可怜。于是，这位花店老板娘产生了一个想法，将自家花店二楼租下来，做成免费的小茶馆，专门供附近的老年人在这里下棋、看报、聊天。

说到做到，老板娘很快把二楼的空间开辟了出来。看到那些老年人能有一个固定的聚会场所，老板娘和她的丈夫都十分高兴。老人们当然也对她十分感激，有时候他们也会在花店里看看或者帮帮忙，当初花店里只有玫瑰、百合、勿忘我等花材，但这些并不丰富的鲜花让许多老人由衷喜爱。日子一天天过去，在这期间，时间将有的老人从她的花店永远带走，而失去了朋友的老人们都会直接从花店买花去祭奠老朋友。

最初花店并没有专门的葬礼花，后来随着业务量的增大，夫妻俩才发现，鲜花祭奠市场很大，设计美观讲究的祭奠鲜花，能够很好地抚慰人的心灵。为此，夫妻俩开始潜心研究如何设计祭奠用花，既要表现出哀伤的感情，还能不像黄白菊花那样单调。可是当花店摆出殡葬花后，平时的客人都不再来了。夫妻俩明白，这是一般人在心理上对此类花礼的忌讳，于是干脆放弃了日常的零售鲜花生意，一心一意专门做起了殡葬的花礼。

现在，夫妻俩的这家殡葬花礼店不只有菊花、百合、勿忘我、天堂鸟，甚至玫瑰都是主要花材。老板娘说，多样的鲜花能更好地抚慰人心，寄托哀思，让逝者能在美好的花丛中离去，远比一片黄白菊的肃穆景象温馨。目前花店还专门设计了摆放花礼的台架、成系列的殡葬花礼等。随着主人心态的坦然和努力工作，花店的生意越做越好。而当地的殡葬市场也在远离纸花，朝着更文明的方向发展。

经典点评

对老人的关怀促使花店的店主做出了关怀老人的行动，并受此启发为花店找到了非常精准的定位，即专做殡葬的花礼。虽然花店不大，但却在当地丧葬用花领域做出了特色，凭借的就是用心和努力。丧葬用花是一个特殊的市场，如果用心经营，满足人们对于这一特殊场合的心理诉求，就会开拓出一片新天地。尤其是在中小城市，鲜花消费引导的空间其实很大，花店经营者可以抓住当地人的一些心理和习俗，以情入手，引入合适的花礼和产品，做好这块市场。

罐头花店的突围之路

在《杰克与魔豆》里有一个传说："在这颗巨大的豆子中蕴涵着传奇而神秘的灵性，当你轻轻唤醒它并成为它的主人时，它就会为你带来祝福和幸运！"而一种只用浇浇水便能在罐头里长出鲜艳花朵的宠物花卉，一种长出后豆瓣上会显示"I LOVE YOU"（我爱你）字眼的神奇魔豆出现在了我们的现实生活当中，并且被一位慧眼识珠的罗先生从中掘出了惊人的财富。

罗先生在深圳打工几年后，回到家乡娶妻结婚。结婚后，罗先生想在当地尝试一下自己经商，不再回深圳做打工仔了。不过，他对于经商并不太了解，一时不知道应该经营什么项目。这时，正好在外读书的表妹放暑假回家，并给罗先生带来了一份特别的礼物：一个罐头花卉。这种罐头花卉在任何地域任何时间均可播种，只要浇浇水就能长出鲜艳的花朵，而且小巧精致，很好种植，3～5 天就能开花。这让罗先生觉得不可思议。

果然，按照说明书把罐头拉开，才浇了 3 天的水，里面马上长出了漂亮的鲜花，一点污染也没有，既小巧又环保。这让罗先生感觉到了其中的商机，于是当机立断决定就做这种罐头花卉的生意。

虽然有了想法，但罗先生还是没有过于冲动。他先进了十箱 200 罐罐头花卉拿到当地最大的花卉市场上让一个朋友代销，打着“宠物花卉”的概念去销售。结果，罐头花卉刚摆出去，“宠物花卉”这个植物新概念马上吸引了很多顾客围上来观看。不到 3 天，所有罐头花卉全部卖完。由此可见，罐头装的“宠物花卉”大有市场。这下，罗先生毅然决定要做这个生意了。

在当地最繁华的地段，罗先生租了两间商铺。但是毕竟是一种新的产品，要怎样让人们去接受呢？对此罗先生动足了脑筋。他不仅到处宣传做广告，还在一些大超市门口送了几十罐“宠物花卉”作为特别的盆栽，超市的顾客日流量多，他们都能亲眼见到花卉由种子萌芽、渐渐成长，到开花、结果的过程，仅仅用了三天的时间，一罐罐开着鲜花的“宠物花卉”便成了各超市门口一道特别的风景线，几乎吸引了所有人的眼球。除了这些，罗先生还去与学校沟通，让“宠物花卉”作为培养学生实践的教材，通过对花生长的照顾中，培养学生的耐心、爱心，细心、责任心和动手能力，同时也可陶冶情操。他也与一些企事业等单位联系，说自己的“宠物花卉”可充当其销售产品的赠品或节假日礼品来赠送。

通过积极的推广，越来越多的人争相购买这种“宠物花卉”，罗先生的店在那个地段竟成了生意最好的店。这时，罗先生却并不满足。他想自己的商品虽然特别，品种也有几样，但毕竟还不是很完善。经过一段时间的思索与研究，他推出了自己极富创意的系列产品：“星座系列”。“星座系列”分别是与12个星座相对应的12种幸运草“宠物花卉”，如狮子座的向日葵、处女座的美面、山羊座的三色堇等。他在自己的店铺里特意腾出了一个专区专卖具有“人情味”的星座系列。

结果，星座系列一推出，店里的人气又迅速提升了好几倍，很多人都争相购买。有的放在家里作装饰，有的买各自的星座去送礼。有一个小伙子竟把12个星座的幸运草都买了送给女朋友，说摆在一起成双成对特别好看，又希望女朋友在每个星座所在的月份里都能够收获幸运。既然以系列化出现能让“宠物花卉”更受欢迎，罗先生紧跟着又推出了“幸运系列”“生日幸运花系列”“情侣系列”“亲情系列”等，又赢得了很多顾客的光顾。

随着营业额的日渐攀升，也随着自己的商品系列的日渐丰富，罗先生开始扩大自己的经营规模。回想当初的艰苦抉择，他觉得自己这条创业之路真是没有走错。他想跟众多创业者说的是，除了要从千百种经营项目中选择到合适自己的创业方法，还需要有“领先一步”的经营思路，才会出奇制胜，赚取惊人财富。

经典点评

罗先生的鲜花店虽然不是传统意义上的鲜花店，但是其在推广自身店铺中所采取的方法却有很多值得开花店的店主们借鉴。

相对于罗先生所经营的“宠物花卉”新产品，传统的鲜花店不需要让人们先认知并接受自己的产品，关键在于如何去推广。罗先生与超市、学校、企事业单位积极联系，不断推广自己的产品。重要的是，罗先生并不是把产品硬塞给这些地方，而是有针对性地与他们达成良好合作，从而起到非常好的广告宣传效果。

而在产品的设计上，罗先生懂得打创意牌。通过“星座系列”等噱头，为产品增加无形的附加值，更能吸引人们的注意。这也是花店店主们可以借鉴的。

一则成功的花店创业故事

小赵原本有一份体面而稳定的工作，但是他却不满足于此。他觉得，这份工作虽然很好，但却是个吃青春饭的活儿。作为一个男人，应该干一番自己喜欢的事业。正是抱着这样的想法，小赵把稳定体面的工作辞了，准备走上经商之路。

小赵很喜欢花卉。在辞职的第二天，他就去了外地考察市场，回来后在市人民医院附近开了一家鲜花店。店虽然开起来了，但创业这事绝对没有他原先想象的那么简单。由于小赵所在的城市是一个三线小城，鲜花在当时还只是一种新兴产品，市场的需求量很低。加上该市的地域特点，空运回来的鲜花因为花期短，常常没卖出去就白白扔掉。本打算轰轰烈烈大干一场的小赵，创业初期投资成本特别高，而且开业后花店每天的销售额还不够付房租，开业已经大半年，花店却一直处于亏损状态。看着一朵朵含苞待放的花朵，小赵当初的豪情壮志已经快消磨没了。他开始想到放弃，但是当他看到自己一点一点经营起来的花店，终究还是舍不得就这么草草结束。骨子里不服输的劲头，让小赵决定一定要坚持下去。

为了提高销售额，小赵开始扩大服务项目。为了让顾客对花店的服务感到满意，小赵出钱为店里员工提供到外地学习花艺技术的机会。就这样，小赵的生意在坚持中越做越好。可是他并不满足于销售额的提高。为了成为当地鲜花市场的领军人，他树立了“人无我有，人有我优”的经营理念，要求自己一定要质量高、服务优、技术新。特别是在服务上，必须做到顾客第一，服务至上。怀揣着对事业的梦想与希望，小赵的鲜花店一坚持就是十几年，并在顾客心中积累了良好的口碑和信誉。

随着人们生活水平的提高和观念的不断变化，越来越多的人开始用鲜花来表达自己的情感，小赵的生意自然是“芝麻开花节节高”。但是生意虽然好了，竞争对手也多了。伴随着人们对鲜花的认知度越来越高，花店也开得越来越多，同行之间难免就会存在竞争。对此，小赵表示他非常愿意与同行进行良性的竞争，但是他不会打“价格战”。因为价格一旦降下来，服务自然也会降下来。总结十余年的商海创业经历，小赵说他感触最深的就是，无论从事什么行业，最重要的就是诚信。

在小赵的花店里，每天都上演着一幕幕感人的故事，这也是小赵觉得自己开花店的美妙所在。他说：“如果是鲜花甜美的样子让人感到浪漫与美丽，那么听过鲜花背后的故事，你会觉得这世间尽是真情与温暖。”面对每一对即将步入婚姻殿堂的新人，小赵都会把新人的婚礼当成自己的婚礼用心安排，从布置花车到主持婚礼的全过程，他都力求在让顾客满意的同时，还会感受到意外的惊喜。店里自从开办婚庆服务以来，小赵的婚礼服务算下来已经超过四百多场。可是这四百多场的婚礼，却没有一场婚礼的创意是相同的。在小赵的鲜花店里，很多接受过婚礼服务的新人都说他的花店是一个装满亲情、友情、爱情的地方。

因为敬业，所以专业；因为专业，所以认可。小赵当初不服输的坚持，让他的鲜花店从不到 10 平方米的小屋子变成了拥有 400 平方米的大花园。花店也从单一的鲜花销售变成拥有婚礼策划、绿色装饰、舞台灯光设计等多方面的业务。小赵或许开始慢慢变成了老赵，但是却实现了最初的宏大梦想。这也许是每一个当初想开花店的人最希望得到的结果吧。

经典点评

小赵的成功不是偶然，而是坚持加专业的结果。也许每一个开花店的人都钟情于花卉，但是唯有坚持和用心，才能真正把自己的兴趣当成事业来做。小赵开店初期所遇到的艰难，是每一位开花店的店主在开始时都很有可能会遇到的。这就像是黎明之前的黑暗，只要咬紧牙关，就一定可以等到天明。

最后一则案例为大家讲述这样一个创业者成功的故事，是希望本书的读者朋友们可以从中感受到创业的艰辛不易，更重要的是拥有创业的激情和一往无前的动力。没有不成功的花店，只有不成功的店主。只要学会坚持，只要在坚持中不怕想方设法，只要用心用力，那么就一定可以获得成功。

附录 1　鲜花保鲜法

既然是开鲜花店，为花保鲜是必需的一道工序。那么，怎样保证店铺里的鲜花“鲜”呢？

第一，进货要鲜。这一步走不好，自然店内保鲜就更难了。

第二，进货的包装与花卉调理工作要细。对较低温度下运来的切花，应先检查有无低温伤害，未受害的先置于5℃～10℃冷室中放12～14小时，然后再转至25℃室内。有的花店每日进花不多，自己到批发市场购买，运输工具所限，容易造成风害、冻害或是其他损伤。更要抓紧的便是下一步——过水。所有的花都要过水，但不能一把把地直接插入水桶，而要先把花分级，去掉茎基部叶子，做好基部处理，并要重新在水中切茎，花枝不要拥挤。水插时，应每天换水。花店至少应有冷柜或其他冷藏设备，温度一般设置在4℃～10℃即可。

第三，使用好的保鲜剂。切花采切后应立即用保鲜剂处理，这对延长鲜切花的寿命有非常好的效果。零售商最好是购买已被栽培者或批发商用保鲜剂处理过的切花。如果切花茎基部曾用硝酸银处理过，可不必再剪截花茎。在进货前已用含糖、杀菌剂、银盐和生长调节剂的保鲜剂处理过的切花，在店里放在仅含糖和杀菌剂的瓶插保持液中即可。

使用保鲜剂比只插在水中好得多，但不同切花需要不同的糖浓度和其他化学成分，各配方一般是严格的，不得随意张冠李戴。最好使用商业性花卉保鲜剂，并按说明书办事。保鲜剂最好是现配现用。为防止配制的保鲜液失效，应把它贮放于暗色玻璃或塑料容器中，不使用的应保存于非金属容器中，置于黑暗冷室。

第四，注意环境因素的控制。一是温度。除热带原生切花需稍高温（10℃左右即可）外，大多数切花以4℃～5℃为宜，要防止日光直射；二是湿度。空气湿度应稳定在90%左右，必要时需安装增湿器；三是光照。一般用弱光，放置花的房间最好用产生大量红光的日光灯或日光灯和白炽灯混合照明，展示窗要避开阳光直射；四是乙烯。一般花店中乙烯的浓度偏高，来源无外乎内燃机排出的气体，水果、蔬菜、老花、蔫花、受机械损伤和腐败的植物材料，还有人们吸烟等产生的乙烯，应加强花店，特别是贮藏室的通风，防止空气污染，清除店内垃圾，移走一切乙烯产生源。

第五，花店要有必要的保鲜设备。如切花保鲜柜、光氧保鲜花瓶、切花冻鲜封口瓶、切花保鲜包装袋等。

第六，保持环境卫生和器皿、用具清洁等。这不仅是花卉保鲜最基本的方法，还是对花店形象和业主文化道德修养的展示。

附录2 百种花语大集锦

（1）雏菊——隐藏爱情

（2）桔梗花——真诚不变的爱

（3）白玫瑰——我足以与你相配

（4）薰衣草——等待爱情

（5）红色风信子——让人感动的爱

（6）时钟花——爱在你身边

（7）狗尾巴草——暗恋

（8）油桐花——情窦初开

（9）樱花——生命；等你回来

（10）黑色曼陀罗——无间的爱和复仇，绝望的爱，不可预知的死亡和爱

（11）向日葵——沉默的爱

（12）蓝色妖姬——相守是一种承诺，人世轮回中，怎样才能拥有一份温柔的情意

（13）双枝蓝色妖姬——相遇是一种宿命，心灵的交汇让我们有诉不尽的浪漫情怀

（14）三枝蓝色妖姬——你是我最深的爱恋，希望永远铭记我们这段美丽的爱情故事

（15）红蔷薇——热恋

（16）粉蔷薇——爱的誓言

（17）白蔷薇——纯洁的爱情

（18）黄蔷薇——永恒的微笑

（19）深红色蔷薇——只想和你在一起

（20）粉红色蔷薇——我要与你过一辈子

（21）圣诞蔷薇——追忆的爱情

（22）野蔷薇——浪漫的爱情

（23）水仙花——只爱自己

（24）仙人掌——坚硬、坚强

（25）三叶草——一叶代表祈求，二叶代表希望，三叶代表爱情，四叶代表幸福

（26）彼岸花——悲伤的回忆（日本）；相互思念（韩国）

（27）栀子花——永恒的爱；一生的守候；我们的爱

（28）蒲公英——无法停留的爱

（29）昙花——刹那的美丽，一瞬间永恒

（30）波斯菊——永远快乐

（31）卡萨布兰卡——伟大的爱；充满回忆；淡泊的永恒；易变的心；死亡；一种永恒的美；负担不起的爱

（32）鸢尾——绝望的爱

（33）蓝色鸢尾——宿命中的游离和破碎的激情，精致的美丽，可是易碎且易逝

（34）迷迭香——回忆不想忘记的过去，纪念

（35）龙舌兰——为爱付出一切

（36）含羞草——害羞

（37）夜来香——在危险边缘寻乐

（38）非洲菊——永远快乐

（39）香槟玫瑰——我只钟情你一个，爱上你是我今生最大的幸福，

想你是我最甜蜜的痛苦，和你在一起是我的骄傲，没有你的我就像一只迷失了航线的船

（40）山樱花——纯洁；高尚；淡薄

（41）百合——纯洁/神圣

（42）菖蒲——相信者的幸福

（43）木棉花——珍惜眼前的幸福

（44）德国菖蒲——婚姻完美

（45）茉莉花——你是我的

（46）密蒙花——请幸福到来

（47）紫藤花——对你执着，最幸福的时刻

（48）蝴蝶花——相信就是幸福

（49）龙胆花——喜欢看忧伤时的你

（50）蝴蝶兰——我爱你

（51）旭日藤——爱的锁链

（52）星辰花——永不变心

（53）爱丽丝——想你

（54）火百合——热烈的爱

（55）紫玫瑰——珍惜的爱

（56）鳞托菊——永远的爱

（57）麦秆菊——永恒的记忆

（58）杨柳——依依不舍

（59）牵牛花——爱情永固

（60）黄玫瑰——褪色的爱

（61）白日菊——永失我爱

（62）野荀麻花——相爱

（63）茉莉——莫离，幸福，就是你属于我

（64）丁香——回忆

（65）紫云英——没有爱的期待

（66）蓝色水菊——善变、固执、无情的你

（67）红色天竺葵——你在我的脑海挥之不去

（68）粉红色天竺葵——很高兴能陪在你身边

（69）红色仙客——你真漂亮

（70）粉红色山茶花——是你的爱让我越变越美丽

（71）白菊——真实坦诚

（72）红色素菊——我爱你

（73）红玫瑰——3 朵，我爱你；4 朵，誓言；5 朵，承诺；6 朵，无悔；7 朵，弥补；8 朵，顺利；9 朵，坚定的爱；10 朵，完美，十全十美；11 朵，一心一意；12 朵，心心相印；13 朵，暗恋；17 朵，好聚好散；20 朵，此情不渝；21 朵，最爱；22 朵，双双对对；24 朵，思念；33 朵，我爱你三生三世；36 朵，我心属于你；44 朵，至死不渝；50 朵，无怨无悔；56 朵，吾爱；57 朵，吾爱吾妻；66 朵，真爱不变；77 朵，喜相逢；88 朵，用心弥补；99 朵，长相厮守、坚定；100 朵，白头偕老、百年好合；101 朵，唯一的爱；108 朵，求婚；111 朵，无尽的爱；144 朵，爱你生生世世；365 朵，天天想你；999 朵，天长地久；1001 朵，直到永远

（74）白色花束——把我的一切都奉献给你

（75）雪莲花——祈愿愿望达成后的安慰

（76）蓝色玫瑰——无法得到的东西

（77）四叶幸运草——梦想成真

（78）香水百合——纯洁高贵

（79）白色铃兰——幸福即将到来

（80）郁金香——热情的爱

（81）风铃草——温柔的爱

（82）百慕大奶油花——坚忍、顽强

（83）圣诞花——美满冷漠，会受苦

（84）茶花——你值得敬慕

（85）杜鹃花——为了我保重你自己，温暖的，脆的，强烈的感情

（86）连翘——预料

（87）大岩酮——一见钟情，高贵大方，有福气

（88）金鱼草——欺骗，高尚的女士，力量

（89）紫罗兰——感情的监禁

（90）天竺葵——偶然的相遇

（91）薄荷——美德；永不消逝的爱；愿和你再次相遇，请你再爱我一次可以吗

（92）金凤花——智慧

（93）红色三色堇——思虑

（94）黄色三色堇——忧喜参半

（95）紫色三色堇——沉默不语

（96）彩叶草——绝望的恋情

（97）矢车菊——单身的幸福

（98）海芋——希望

（99）大波斯菊——少女纯情

（100）情人草——完美爱情；暗恋

（101）银莲花——失去的希望

（102）松虫草——寡妇的悲哀

（103）小苍兰——纯洁、幸福、清新舒畅

（104）大理花——华丽、优雅

（105）翠菊——追想可靠的爱情、请相信我

（106）白色虞美人——安慰、慰问

（107）红色虞美人——顺从

（108）玉簪花——恬静

（109）刺槐——友谊

（110）忘忧草——放下

（111）石竹——奔放、幻想

（112）红枫——热忱

（113）香雪兰——纯洁

（114）荼蘼——末路的美

（115）天堂鸟——自由、幸福、吉祥

（116）白玫瑰——我足以与你相配，你是唯一与我相配的人

（117）欧石楠——孤独与背叛

附录3　几种常见花材的保鲜和处理

1. 康乃馨

花店进购康乃馨时，如果发现康乃馨的花头外瓣翻卷，就表示该花材已经不太新鲜，需要格外注意保鲜。打理时，先用手剥开外层花瓣5层，然后再切角，切角以茎节以上3厘米处剪切为宜，这是因为茎节只有生长功能，而不具备吸水功能，因此，在茎节处剪切不利于枝条吸水保鲜。

往花头上喷水是花店常用的花材保鲜方法，它不仅让花朵看上去娇艳欲滴，还能增加湿度，适当延长花期，但是，康乃馨却不适用这种方法。康乃馨进行花头喷水前一定要先盖一层厚一些的卫生纸，然后将清水均匀地喷洒在纸上，让水分慢慢渗入花头，这样才不会引起花头腐烂，同时还可延长花期。

另外，要想康乃馨开放持久，在用于花艺设计前最好先按揉花托、轻剥花头，使花头充分打开，这样既增加了花材的美观度，又可以适当延长观赏时间。

2. 大花蕙兰

大花蕙兰等兰花到货后要采取保鲜处理，尤其是已出现脱水症状的花材更要及时采取措施。处理方法是先在枝条底部切口，然后平放在盛满清水的干净器皿中，使花头连同枝条完全浸入水中，如果枝条漂浮于水面，可用重物将其压实，待5~10分钟后取出，花材便可重现生机。

3. 绣球

绣球的保鲜方法与大花蕙兰颇为相似。值得注意的是，绣球枝条切角后，要先抠出枝条内部的白色组织，以便它能顺利吸水。然后，再将其直立放入盛满水的干净器皿中，使花头充分没入水中吸取水分。这样，几分钟后，花材的脱水症状就可明显缓解。

修剪绣球时，要先用刀将茎干底部斜切，然后剪成“十”字，并抠掉里面的棉花状组织，这样更加有利于绣球吸水。由于绣球最怕细菌，因此，店内浸泡绣球的水桶或瓶子一定要专用，并时常清洗，用酒精杀菌，以延长绣球的花期。

另外，花店制作花礼最好使用木本绣球，因为草本绣球容易失水，需要不断吸水才能保证观赏效果，而木本绣球则好得多。

4. 百合

百合到货后要先用清水冲洗枝条，冲干净后再开始打理、修剪。修剪时枝条底部要采用斜切的方式，切好后迅速放入清洁好的水桶内。若桶内放入温水，会加速百合开放。另外，百合开放时将花蕊拔掉会开得更持久。

5. 木百合

打理木百合时，应先摘除植株下部的叶片，然后用刀将茎干底部斜切，并剪成“十”字，便于吸水。

6. 睡莲

睡莲打理时要先用清水冲洗，然后浸入容器。由于睡莲为浮水植物，因此容器中清水以九分满为宜。

7. 红掌

红掌到货后应第一时间摘除花头上的塑料套，然后用酒精擦拭茎干（酒精可用工业酒精，也可用医用酒精），将擦拭干净的枝条浸入水桶中备用。

值得注意的是，不论冬季还是夏季，浸泡红掌的水温都应控制在15℃~20℃，如果水温低于15℃，佛焰苞会发黑。打理好的红掌宜放置在店内温度最高处，若置于包装盒中，植株会因为空气不通透而很快坏掉。